谨以此书献给 张国成 老师

张国成自制教具102例

ZHANGGUOCHENG ZIZHIJIAOJU 102 LI

武文革 / 编著

河北大学出版社
HEBEI UNIVERSITY PRESS

图书在版编目（CIP）数据

张国成自制教具102例 / 武文革编著. -- 保定 : 河北大学出版社, 2017.9
ISBN 978-7-5666-1226-7

Ⅰ. ①张… Ⅱ. ①武… Ⅲ. ①自然课－自制教具－小学 Ⅳ. ①G623.6

中国版本图书馆CIP数据核字（2017）第228653号

张国成自制教具102例

出 版 人　耿金龙
选题策划　何　东
责任编辑　赵彩霞
装帧设计　徐春爽
责任印制　靳云飞
出版发行　河北大学出版社
（保定市莲池区七一东路2666号　071000）
网　　址　www.hbdxcbs.com
经　　销　全国新华书店
印　　刷　保定市北方胶印有限公司
版　　次　2017年9月第1版
印　　次　2017年9月第1次
书　　号　ISBN 978-7-5666-1226-7
开　　本　787mm×1092mm　1/16
印　　张　7.75
字　　数　150千字
定　　价　29.80元

张国成老师工作照

张国成老师1949年毕业于北京通州师范学校，17岁参加工作，任北京通州宋庄小学教师，由于自制教具工作成绩出色，1953年经层层选拔由北京通州派往保定，担任河北小学科学教师。

张国成老师在小学自制教具和电化教育领域深耕40余载，享誉中外，桃李满园。他多次受到国家教委、共青团中央、河北省委、省政府表彰，曾被授予全国教育系统劳模、全国优秀青少年科技辅导员、全国优秀园丁一等奖并荣记一等功；曾当选河北省政协委员、保定市人大代表。其制作的教具荣获全国自制教具一等奖，河北省自制教具"十佳"大奖赛特别奖。《光明日报》《河北日报》《工人日报》《人民教育》杂志都曾报道过他致力于教育改革的先进事迹。中央教育电视台、河北教育电视台等多家教育频道都曾播放过他的自制教具的授课材料。

张国成老师指导学生进行科技制作

河北小学 STEAM 课程 1

河北小学 STEAM 课程 2

河北小学 STEAM 课程 3

河北小学 STEAM 课程 4

自制教具大师——张国成（代序）

一

张先生与我属忘年交、莫逆之交。还没来河北小学的时候，恩师汪宝琦先生经常提起河北小学有个民进支部，这里有张国成、万桂芝、宋玉等一大批了不起的人物，当时没在意，汪老师也是民进会员，有些好感不足为奇。

1989 年 5 月，河北小学开始筹备全国自制教具现场会，我以布展者的身份走进了张国成的世界，初始的认识被彻底颠覆了。

林林总总一万余件自制教具，像一个集贸市场，不修边幅的张先生每天穿梭于这些教具之间，日出而作，日落而息。这些作品让张老师 40 余年沉浸在自己的世界里，如此庞大、丰富的精神世界！联合国教科文组织的专家来了一趟又一趟，国家教委副主任王明达、河北省教委主任安效珍、保定市副市长赵燕三天两头来蹲点，足见这项工作的重要。我不相信这样的场景会发生在一所小学，它的主人竟是一名小学教师。这让我联想起一个称谓：大师！神坛上的毕加索、齐白石等，眼前这位，与大师竟如此神似！

大师都有大隐的特质，工作是忘我的，而作品是有我的，张国成具备了这些品质，是现实版的、真实世界的大师！

二

张先生的有我，体现在不断创新中，他能从不同角度展现同一个科学原理，通过多维度体验触动学生的敏感神经；张先生的有我，体现在一位出色的教育专家兼具难得的工匠精神，教育家＋工匠，结合得如此完美，使他的游走空间如“可上九天揽月，可下五洋捉鳖”般广大；张先生的有我，还体现在他制作的教具极富生命力，既是一件实验仪器，又是一件玩具，又像一件雕塑作品，极具艺术感染力，每一件教具都诉说着一个故事。

他制作的程序往往先有构思，底稿于心，有需要时把主要部位、节点在纸上划拉几笔，大多凭经验直接上手制作。由于需要为全国各地教师做辅导，所以，每件教具完成后，都要付出大量时间再画成图进行说明。往往一件教具叮叮当当几十分钟就做完了，而画图需要吭哧吭哧两三天才能修改满意。我曾试图提醒张先生插图可以找专业人员来做，然而事实上心中无我的人即便绘画水平再高，也不能把张先生的本意迅速表达清楚，到头来，还不如他自己画来得快。

易拉罐系列教具。20 世纪 80 年代末期，易拉罐作为饮品的包装刚刚进入人们的视野，张先生以其敏锐的嗅觉，发现了这一材料的应用价值。易拉罐加工就像剪纸片一样，而且厚度尺寸、材质等极其标准、规范、美观，作品不用装饰就异常精美。“风的形成演示器”“土电话”“小孔成像”“水轮机”“水反冲”“滚摆”“旋转风向标”等代表性教具应运而生,并形成了以易拉罐为制作材料的简易教具系列。

轴流式水车。一米多高的塔式结构骨架，每一根立柱直径不足 5 毫米，所有的骨架在没有型材的年代，只能用马口铁一条条剪下来，在铁砧子上敲打而成。为保证承重，每一条骨架都围成三角形，精准程度令人咂舌，没人相信那是手工所为，你会为张先生的制作工艺所叹服，他确是一位功夫巨匠。

星空仪。为了形象地展示一年四季的星空变化，他把天空设计成一个学生能接受的圆盘，形象地展示出眼睛能看到的区域，转动星座位置盘，就能看到不同季节天空中各个星座的位置。主要星座用不同颜色的灯显示，想观测哪组就打开小灯，通过灯光闪烁几下，简直出神入化，观看星空仪就像观看科教电影。仅仅用教育家 + 工匠来描述张先生显然是不全面的，他具备教育家的睿智、工匠的严谨的同时，兼具艺术家对自我的不断超越精神。这不由得使人联想到风靡世界的美国 STEAM 课程，什么复合型课程，什么基于科学、技术、工程、艺术和数学的项目学习，张先生早在 20 世纪 50 年代就开始实践了，而且做得淋漓尽致、完整无缺。

三

张国成的教育思想是以学生认知规律为中心，做学合一，因势利导。同一个原理往往从多角度演示，由简单到多元，丰富、开拓学生思维领域；以关键知识点为抓手，帮助学生组织起知识网络；不简单以教材知识点为教学目标，更多关注学生未来素养奠定。“改变照本宣科的教学模式，从自制教具着手，直观教学，培养学生的观察能力、动手能力、实验能力。寓教于乐，使同学们在情感、情趣、情境中掌握知识。”（女儿张爱莲语）

有趣的课堂。张老师的课很神奇，除了风趣的语言，更重要的是他创造了一个启迪心智的精神世界。1964 届乙班校友张燕欣回忆说：“张老师那张讲台很神奇，上课时能用它写字。只见张老师打开讲台上的灯光，通过反射镜投到幕布上。张老师是在玻璃上写字，那玻璃提前刷了墨汁，用在蜡版上刻字的笔，写出略带扁平、清秀工整的字，给我们留下了深刻印象。张老师讲课时文字、图片相结合，用幻灯演示，张老师在讲台上控制每一张幻灯片，在当时那个年代，对我们来说真是一种神奇的享受。”1955 届丁班校友李建学回忆说：“张老师不仅课讲得深入浅出，而且特别风趣。每堂课都是笑声不断，非常开心。他上课的特色是让我们观摩他自制的教具，有一次观摩小火车教具，小火车在轨道上飞快地奔跑，我们都看呆了，好神奇呀！还有好多次其他试验，每次都非常吸引我们。这样讲课，让我们很快就明白了课本中的道理，张老师就是这样带着我们在课上课下体味着自然界中的种种神奇。”

风车的万千气象。从低年级纸风车做起，用塑料瓶做风车、用易拉罐做风车、用薄木板做风车等；从转动原理上考虑的有“手风车”“电动风车”“人工风力风车”等；依托原理创新的有“立轴式风车”“旋转式风车”等。张老师往往以一件简单的教具为抓手，不断让知识联结知识，在教具中不断引申，为学生张开一张大网，通过教具上下左右联系，让学生触类旁通。

从风车—水车—水碓的知识层次递进。“轴流式水车”是在对风车的理解基础上制作的，而“水碓模型”是直接将水车原理应用到生产生活中，将原理转化为生产工具、生活用具的典型案例。张老师打破教材的局限性，将有关联的知识点汇集在一起，打包完成，这样做既能让学生关注教具之间的联系，又为学生系统掌握科学原理提供了巨大便利，难怪学生们的综合知识与能力俱佳！

解决飞机的滑翔起飞和着地滑行。女儿张爱莲回忆说：“记得小时候父亲带我们去村东头的田野里去放飞机，那是父亲自己制作的飞机，忘了父亲是用什么方法把飞机送上了天，全村老少仰着头跟着飞机跑，跑得我上气不接下气，直到望不见飞机的影子。”在那个年代，能实现自制飞机上天可算是个壮举，它全部是依托对科学原理的应用完成的！起飞要靠人力送一程，那如何给学生演示飞机起飞和降落的全过程呢？记得张先生是在地板上画了圆圈，涂上漆，中心位置竖起了一根铁棍，顶部有一个可以转动的小铁环，铁环拴上细绳，绳的另一端拴在小飞机的侧翼上。拨动小飞机电门，飞机轮子转动，在地板上前行，慢慢提速，飞机提升，一会儿围着铁棍飞转起来。降落时，关电门速度逐渐减弱，飞机下行着陆、滑行。我曾试着问张老师："天上的飞机是没有绳子拴着的，学生会有疑义吗？"张先生信心满满："在大人眼里那是绳子，在学生眼里不是，得想办法按照学生的理解程度解决起飞和降落问题。"后来的实践证明，效果非常好，学生理解得非常快，没人关注那条绳子，就好像理所当然地要存在，我多虑了，感叹张先生真是揣摩儿童心理的天才。

矿石收音机。因材施教，不择时机。1964届乙班校友张燕欣在回忆录中说："在部队驻地围墙外，经常发现有通信连丢弃的废旧电池、耳机和一些元器件。因为好奇，我们经常拿回来玩耍。张老师看见了，就教我们认识这些东西，并给我们演示用这些东西做成听广播的耳机，当时我们特别兴奋。张老师拿来矿石检波（当时矿石检波很便宜），用手调节，用旧耳机接好线，接上检波器，耳机里就能听到河北广播电台和保定广播电台了。这是当时的矿石收音机。后来张老师又教我们用二极管做检波，比矿石稳定多了。因为线路简单，收听的电台混在一起，哪个也听不好。张老师就慢慢给我们讲如何解决这个问题，需要增加可调电容器，将频率分开，这样每个台都能听清楚了。同时，张老师还教我们看电路图，什么符号代表什么元器件，哪个元器件起什么作用。后来慢慢地我们学着做起晶体管收音机了。我和丙班的孟志军同学上了中学还在继续我们的创作。'文化大革命'时我们已经能装六个管的收音机了。"难怪这些学生在这些领域都有建树，张先生不愧是奠定学生素养基础的大家。

塔式起重机（塔吊）。张先生的教学往往以项目为目标，把各种知识、技能连接在一起。1959届校友郭振霄回忆："我在学校的红色小工厂当工人时，张老师教我们制作塔式起重机模型。（今天随处可见的塔吊，在20世纪50年代可是非常罕见地高科技设备！我们都没见到过。）塔身由八号铁丝截成4根长的，其余截成短的，然后做成两头弯的许多小段，用电烙铁沾上锡与四根长铁丝逐级成三角形焊在一起，塔吊臂、塔尖、配重臂也是这样焊成的。用铁罐头盒皮焊接做成滑轮。最关键和最难做的是电动机。张老师用硬纸板分别做成定子、转子样板，在铁皮上画上印，用剪子逐一剪下来。定子是英文字母H形，只是上边是圆形的。然后将许多H片、雪花形片叠加到一定厚度，焊接在一起做成定子、转子，最后分别缠上漆包线，再做好转子和定子之间的连接支架和电刷，最后接好电线，用电池一通电，小电动机便转动起来！当时感到好好奇、好兴奋呀！除此以外，还要做更复杂的卷线机构、电控制系统、转向系统、起吊系统等。非常复杂！完全做成后，跟真的起重机一样能吊起重物。”

磁场演示器。张先生的教具往往用高度简约的方式诠释真理，让学生极易理解，过目不忘。张先生演示磁场，除了用铁屑，还有更直观的办法。用铁丝做一个架，上端拴好磁铁，做一个纸蝴蝶，里面埋好曲别针，用细棉线固定在架子下端。拿着纸蝴蝶在磁铁下晃动时，突然有一种力量把蝴蝶吸上去，由于蝴蝶下端有细线拴着，吸得很紧却能看到磁铁和蝴蝶之间的间隙。推动蝴蝶下端的线，感觉到蝴蝶与磁铁间有一种难以割舍的力量。手松开，蝴蝶又被紧绷绷地吸到磁铁下端。磁铁与蝴蝶之间的空隙，恰是妙处所在，手指可以在间隙间活动，正是这个间隙，让同学们对磁场的认识一目了然。

变废为宝。张先生做教具得心应手，得益于其对各种材料的娴熟驾驭。身边几乎所有材料，都能成为教具的一部分。他女儿在回忆录中说：“做家具的边角料、易拉罐、自行车辐条等一些不起眼的东西，他都视为珍宝。经过一双巧手，这些不起眼的东西都变成了学生们眼里生动的教具。”易拉罐系列几乎覆盖了小学和生活中的全部科学原理。经常看到张老师面对易拉罐独自揣摩，围绕易拉罐，他不断发现其与科学原理之间的联系，奇思妙想不断产生。对材料要求不苛刻使他的教具极易激起学生动手制作的冲动。

编“顺口溜”。为了便于理解记忆，把复杂的甚至枯燥晦涩的原理、知识点编成顺口溜，是张先生的拿手好戏。“热空气上升，冷空气补充，空气一流动，这就形成风。”1964 届甲班校友王晓娜回忆。“东北铁路为第一，沈山、沈鞍和沈吉，长大、长滨纵南北，滨州、滨绥横东西，”1964 届甲班校友杨英魁回忆起地理顺口溜，“祖国面积广，九百六十万。南北五千五，东西长五千。过内蒙（古）往前望，黄土高原在前方。云贵高原在东南，西部还有大青藏。”1964 届乙班校友肖河回忆我国邻国顺口溜：“东北西北靠苏联，唇齿两联是朝鲜，北面蒙古南越南，西面印度阿富汗，缅甸老挝尼泊尔，还有锡金和不丹。”这些顺口溜让学生刻骨铭心，五十多年过去了，校友们仍记忆犹新。

四

校庆筹备期间，很多校友发来回忆文章，从 20 世纪 50 年代到 21 世纪初，跨度近50年的学生都深深怀念张老师，有的甚至是祖孙三代。同学们感恩张老师的教诲，敬仰他非凡的事业心，敬佩他的巨大贡献，回忆他的和蔼可亲，重温与他相处的美好时光，惊叹他的工匠精神，发现他永不泯灭的童心。张老师在河北小学付出了毕生精力，惠泽桃李，精神永存！

张老师过世前一直住在北京，他的儿子爱民家，隐隐约约知道因为异地就医药费不能报销，爱民一次次回保。因当时已调离河小，我只能远远地看着，帮不上任何忙，我为自己的无能感到惭愧！但张老师和他那万余件教具始终是我的牵挂。后来隐约知道存放教具的大活动室改成私立学校的食堂了，那些教具都封存在库房里。调回河小的那天，我迫不及待地打开库房，却被眼前的一幕惊呆了：除了笤帚、簸箕以及一些几乎发霉的废旧物品，别无他物。那些“国宝级”的教具，你们去哪了？搜遍了校园每个角落，收获甚微，心情顿时跌入谷底。不是校庆的缘由，真无颜面跟张先生的子女联系。好在张先生的儿子爱民、女儿爱莲舍爱将先生遗物捐给学校，才有机缘又一次与张先生的心灵对话。好像又听到张先生用自制的“乐器”在演奏，那些用长短不同的钢锯条和牛皮纸土琵琶演奏出的声音，是不受音准挑剔的曲子，同道人自能用心知会。触摸着先生的自制教具102例手稿，几多感慨，应把张先生的教育思想整理二三，和教具案例一起出版，以飨后人，圆先生一个心愿，算作给张先生一点迟到的精神慰藉。

记忆中的校舍前后，是盛开的黄色刺玫花。后来永无休止的建设，让人们再也无暇顾及它了。很多年后，校园终于平静下来，那些不愿被人们忘却的刺玫花，从高楼林立的空隙里钻了出来，下一个春天，校园依然会盛开黄色刺玫花！

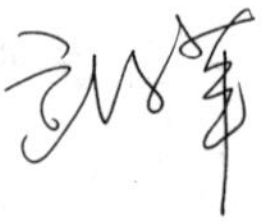

2017年10月8日

目　录

一　高低音发声器

一、材料

废锯条、木板、铁片、螺丝钉。

二、制法

1. 把长15厘米、宽7厘米、厚2厘米的木板刨平涂漆。

2. 找三段长短不同的锯条，分别用螺丝钉在木板上，再剪三个长3厘米、宽1厘米的铁片，铁片两端各打一个直径0.3厘米的小孔，用螺丝钉将锯条固定在木板上（如图1）。这样，简易发声器便制成了。

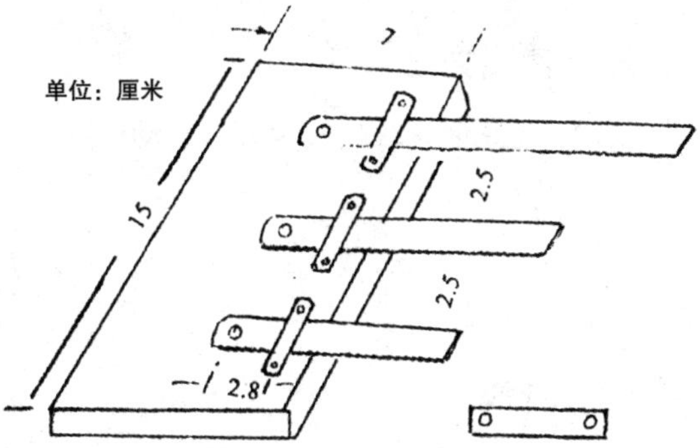

图1

三、使用方法

使用这个教具时，要将其放在讲桌（或课桌）上，用左手按紧，右手食指轻轻向上或向下拨动锯条，这样，长短不同的锯条便能发出频率不同的响声。

使用完毕需在锯条上涂一层油，以免生锈。

二　土电话

一、材料

易拉罐、牛皮纸、棉线。

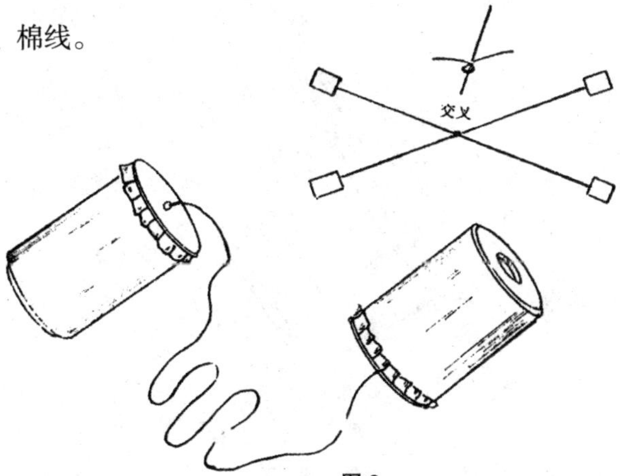

图2

二、制法

1．在易拉罐顶部原三角口处用尖嘴钳夹紧口缘，沿罐壁边缘将罐盖撕下来，撕缘要整齐，罐底开一个直径大于五分钱硬币的圆孔。

2．将一块10平方厘米的牛皮纸用水蘸湿后蒙在去盖的罐顶部，在罐体沟槽处用橡皮筋将牛皮纸边缘勒紧，干后将纸边剪齐，土电话筒即做成。

土电话筒共做两个，用十几米长的棉线将两话筒连在一起。

三、使用方法

使用土电话时，线略拉紧方可震动传声。

三　土琵琶

一、材料

纸筒或竹筒、薄木板、橡皮筋等。

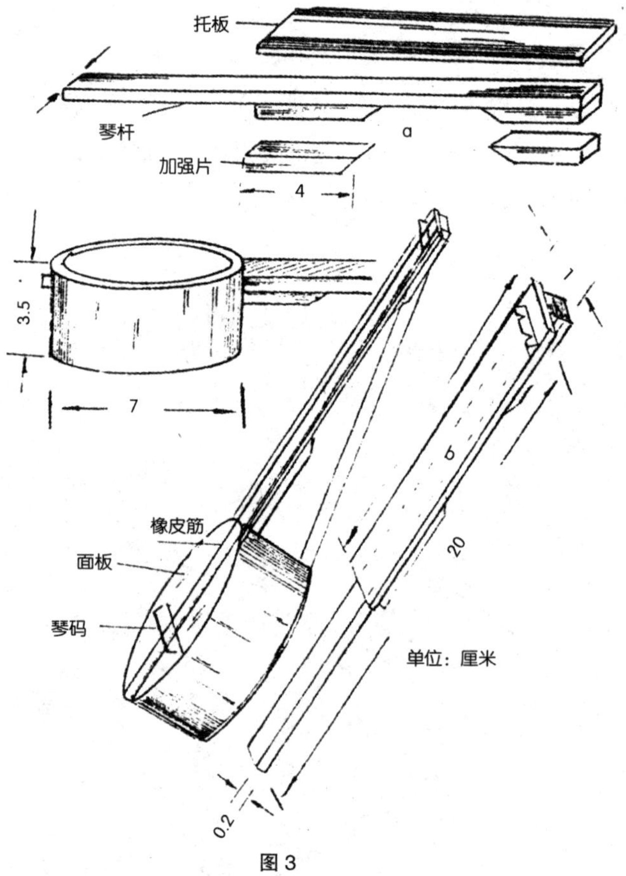

图3

二、制法

1. 找一段直径 7—8 厘米、高 3 厘米的纸筒或竹筒，打磨平整后在一面用白乳胶粘上 1 毫米厚的桐木板做琴面；也可用三合板浸湿揭下一层，阴干后待用。

2. 用长 20 厘米、厚 0.5 厘米、宽 1 厘米的木条装在琴筒上做琴柱（如图 3a），琴柱上再粘上一块长 13 厘米、厚 0.15 厘米、宽 1.5 厘米的木板做琴板（如图 3b）。在琴板上端 1 厘米处粘上一个长 1.5 厘米、宽 0.2 厘米、高 0.25 厘米的木条，在木条上挖两个凹槽，再在琴筒发音板上方粘上一个长 2 厘米、宽 0.2 厘米、高 0.6 厘米的木块做琴码，琴码上也要挖两个凹槽，此外，琴筒侧面和琴码凹坑相应的部位挖上凹槽以防琴弦滑脱。这样，土琵琶就做成了。

三、使用方法

在土琵琶上套上橡皮筋，调整皮筋的松紧使其成为五度音阶，用手拨动皮筋可发声，从而说明发声和频率高低的原理。

四　耳膜模型

一、材料

易拉罐、橡皮膜（大气球）、橡皮筋。

二、制法

将易拉罐顶部去掉，底部开一个直径 3 厘米的圆孔，用橡皮筋把橡皮膜勒在易拉罐顶部（如图 4）。

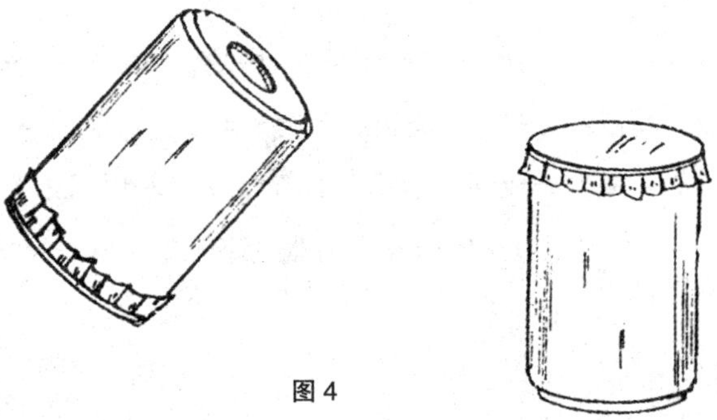

图 4

三、使用方法

手持耳膜模型，食指、中指轻触橡皮膜，嘴对着圆孔处讲话，这时就可以感觉到橡皮膜随着讲话声音大小而震动。耳膜模型用以模拟耳膜震动情况。

五　看得见的声音

一、材料

易拉罐、橡皮膜、碎镜片。

二、制法

制法基本同耳膜模型。蒙好橡皮膜后，在橡皮膜上用白乳胶粘上几块豆粒大小的碎镜片就行了（如图 5）。

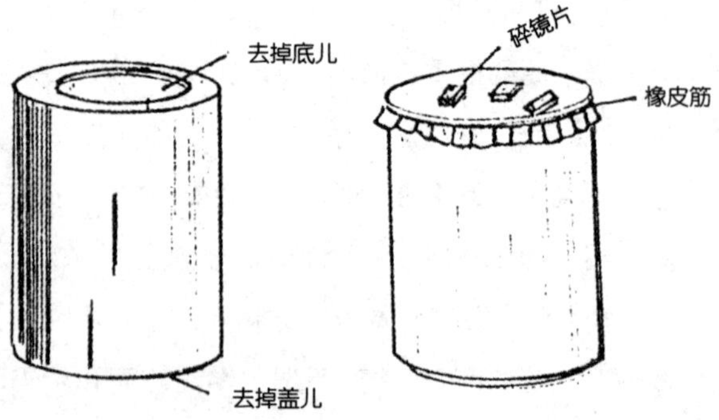

图 5

三、使用方法

手持模型，使橡皮膜上的镜片对着阳光，将光反射到墙壁上。当对着模型讲话时，橡皮膜发生震动，墙壁上的光便随声的大小而闪动。

六　音频演示器

一、材料

薄铁片、铁皮罐头盒、131 型玩具电机、5 号电池盒、50 欧电位器。

二、制法

1．直径 130 毫米圆形薄铁板一块，中心打出一个直径 2 毫米的小孔，再在边缘处剪出约 157 个小锯齿（深约 3 毫米），制成锯盘状发声器，将其焊在 131 型小电机轴上，用铁皮做成两个卡子（如图 6a）把小电机卡紧。

2．用铁皮做成演示器底座（如图 6b），在底座中部固定锯盘状发声器的小电机，

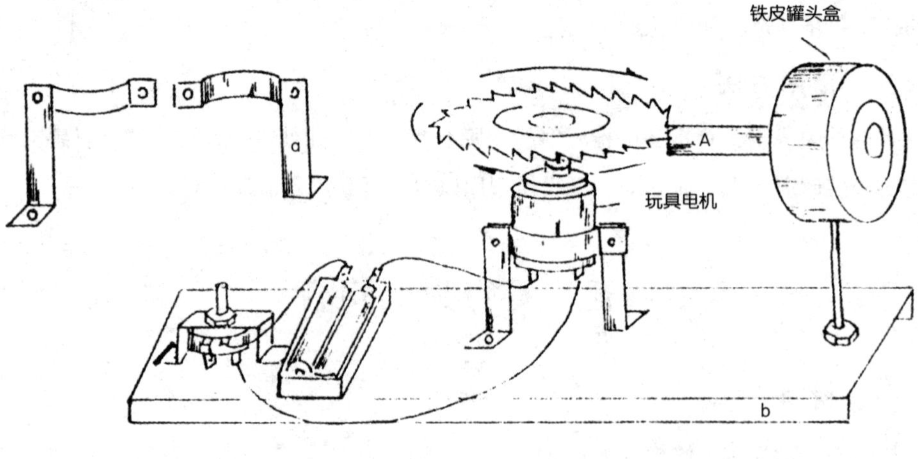

图 6

在一旁分别装上 5 号电池盒和控制小电机电流的电位器，右边用 M3 螺丝固定一个铁皮罐头盒做共鸣器，共鸣器上焊一个铁拨片，连好电路。

三、使用方法

开启电源开关，小电机旋转带动齿锯盘发声器旋转，锯盘发声器与拨片相接触而发声，电位器调节转速，声音随之出现有规律的变化。

七　潜望镜

一、材料

乒乓球盒、平面镜、胶水。

二、制法

1. 取一个乒乓球纸盒，去掉盖儿、底儿，沿一侧上端沿口剪一块小正方形；再将相对的一侧自下端沿口也剪一块小正方形（如图 7a）。

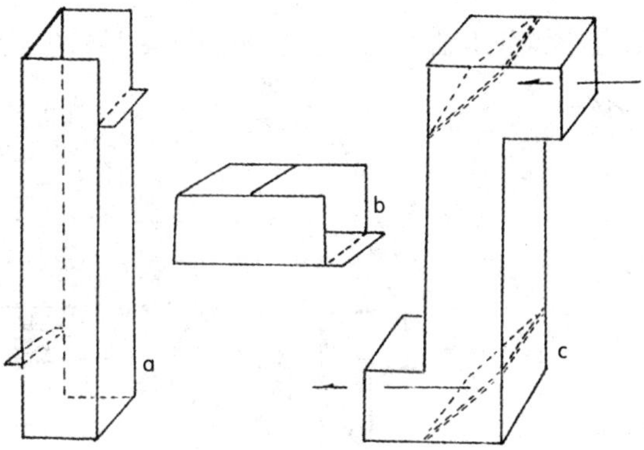

图 7

2. 另取一乒乓球纸盒，去掉底儿和盖儿，拦腰裁成两截，其中一截将其一侧剪去一个小正方形，另一截的一侧也剪掉一个小正方形（如图 7b）。

3. 照图 7c 将剪好的各乒乓球盒组合在一起粘上，并在图中虚线处成 45° 角粘上两块平面镜，简易潜望镜便制作完毕。

三、使用方法

把潜望镜一端放在眼前，另一端取景，即可得知光的反射原理。

八　三用潜望镜

一、材料

薄木板、平面镜、16 号铁丝。

二、制法

1. 用薄木板（最好用 2 毫米厚桐木板，三合板也可）做一个长 25 厘米、宽高各 4

厘米的长方形筒，筒的对称两边要去角呈弧线（如图 8a），并在筒两端内壁用细木条粘成玻璃卡，卡沟倾斜面为 45°（如图 8A、a）。

2. 用薄木板做两个观察筒，筒宽要略大于已制成的长方形筒（如图 8b），以便能在筒上灵活转动。

3. 做两个滑板，滑板中间挖一条宽 0.4 厘米、长 10 厘米的窄缝（如图 8c），在长方筒的两侧中部适当位置各粘一条宽高各 0.3 厘米、长 3 厘米的木条，然后把滑板嵌进木条，使其能在左右灵活滑动。为了防止滑板脱落，在木条上再粘一块宽一些的木条，在两个滑板的一端各粘上一个带孔木轴承，观察筒的两端也各粘上一个打出直径 0.2 厘米小孔的木轴承（如图 8b）。

把两个观察窗用大头针固定在长筒两侧使其能折曲、伸直，再在滑槽板的木轴承和观察窗的木轴承之间连上一个用 18 号铁丝做的连杆（如图 8d）。这样，三用潜望镜便做成了。

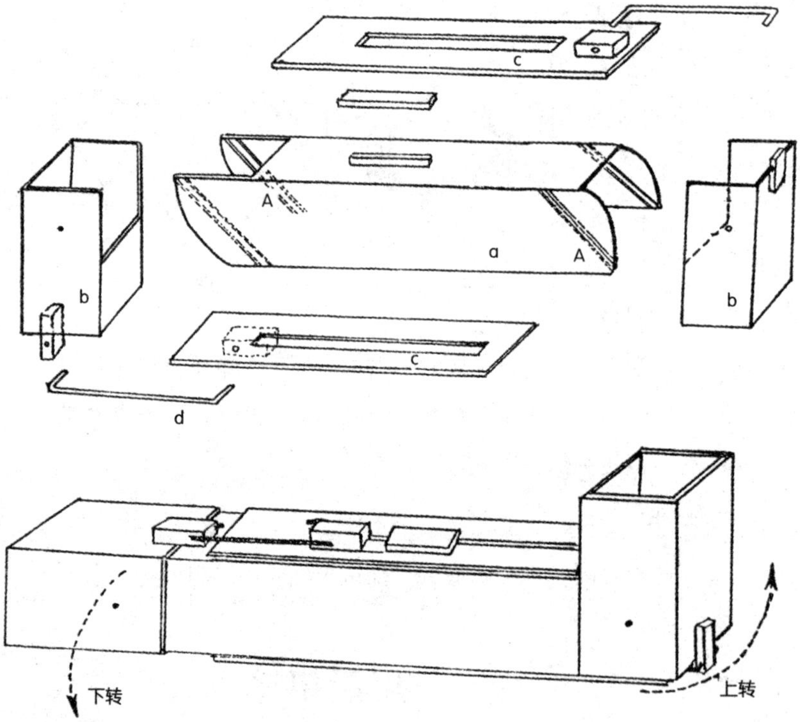

图 8

三、使用方法

把潜望镜弄成直筒形，可以讲解光的直线传播；把观察镜折曲成 L 形，可以说明光线不能拐弯；把两个镜片插入筒内，通过观察窗可以看到外界物体，说明光能反射。（注：平面镜尺寸为 4 厘米 ×5.5 厘米 ×0.2 厘米）

九　小孔成像器（一）

一、材料

易拉罐、半透明纸（硫酸纸）、胶带纸。

二、制法

在易拉罐底部中心钻一个直径小于 1 毫米的小孔，去掉罐盖后，蒙上一块半透明硫酸纸，并用乳胶或糨糊粘牢（如图 9），制成观察屏。

另取易拉罐上半部 7—8 厘米长的一段罐体，剪成筒状，内壁涂上黑色，和观察屏套在一起，再用胶带纸粘牢，作为暗室。

三、使用方法

把小孔成像器对准观察物体，在观察屏上就会出现该物体的倒立像。

观察时应该在晴朗的阳光下进行，不然效果不佳。

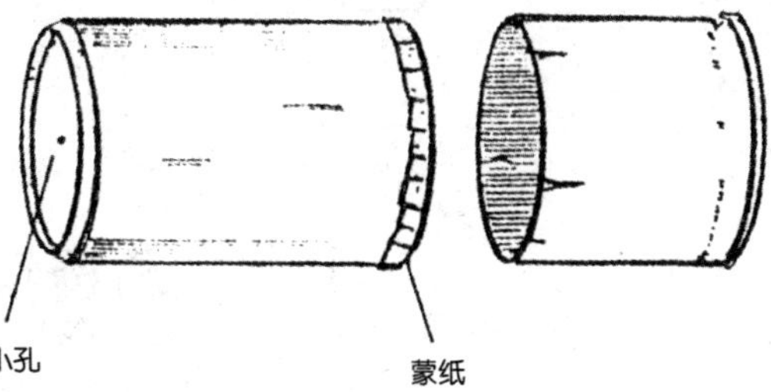

图 9

十　小孔成像器（二）

一、材料

草板纸、硫酸纸或毛玻璃。

二、制法

1. 按图 10a、10b 的尺寸做好观察屏和暗室，观察屏上“屏幕”可按图 10a 的形状和尺寸制作。

2. 在观察屏图 10 的 A 点用针扎一个直径小于 0.1 厘米的小孔，暗室内部要涂成黑色，并把靠近观察口的上方剪成弧形，下边剪成和鼻梁相吻合的缺口，以容纳鼻梁。

3. 观察屏和暗室也可用木板或薄铁片做，“屏幕”最好用毛玻璃当材料。

三、使用方法

把小孔成像器放在桌子上，在小孔的前方放一个和小孔一样高的蜡烛，这时从暗室里可以观察到烛焰的倒影；用小孔成像器罩住眼睛，可以看到阳光下清晰倒立的景物或倒立的人物活动的情形。

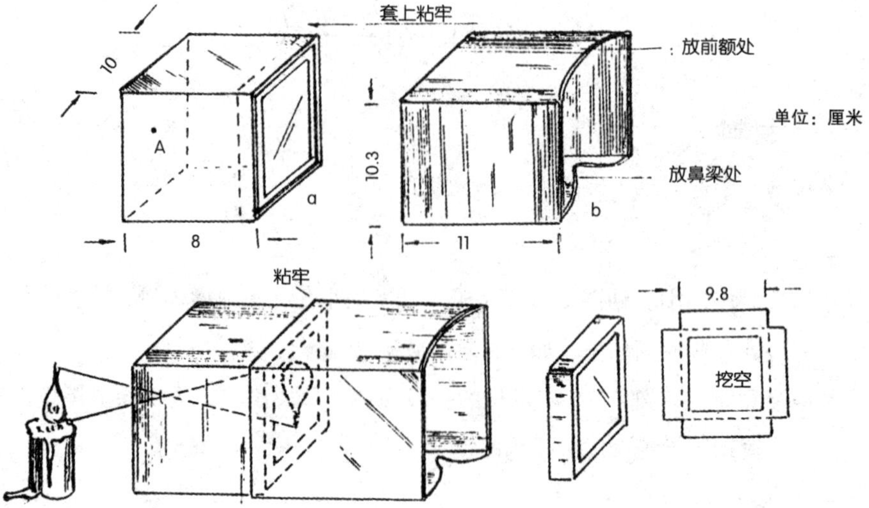

图 10

十一　凸透镜聚光演示器

一、材料

木板、香烟、投影器、玻璃块。

二、制法

将 1 厘米厚的薄木板做成长方形的盒子（如图 11），盒子不装底，盒的前面两侧刨出沟槽，装上玻璃，再在盒的侧面钻一个直径 1 厘米的小圆孔，盒的外面打磨光滑涂上白漆，里面涂成黑色。

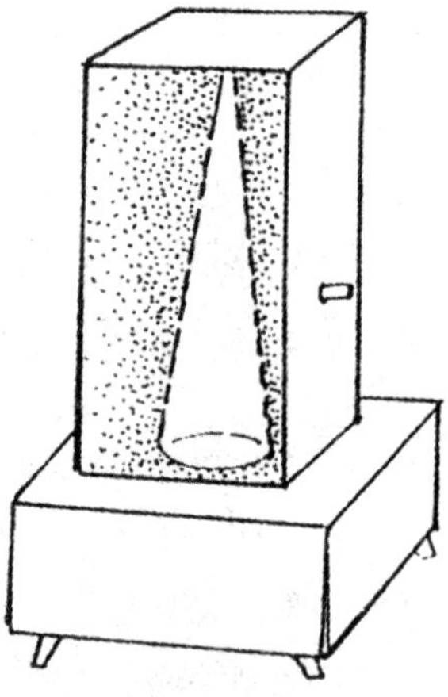

图 11

三、使用方法

将长方形盒子套在小型投影器的集光镜上方，打开开关，同时在木盒侧面的圆孔内插入一只点燃的香烟，不一会儿便可以看到锥体光柱出现，用以证明凸透镜有聚光作用。

十二　凸透镜成像原理演示器

一、材料

薄木板、玻璃、投影器、透明胶片、透明色颜料、玩具电机、铁片等。

二、制法

1. 将 1 厘米厚的薄木板用小钉钉成一个高 70 厘米、长宽各 20 厘米的长方形木盒。木盒不封底，前面两侧各刨出一条 0.3 厘米宽的沟槽，沿沟槽内装上玻璃。在木盒中部用三合板截开，三合板正中挖一个直径 5 厘米的圆孔，圆孔内装有放大五倍的凹透镜。长方形木盒外面要用细砂纸打磨光滑并涂上白漆，盒内涂成黑色，盒的侧面上下各钻一个直径 1 厘米的圆孔。

2. 取一块直径为 15 厘米的马口铁皮，沿外圆每隔 0.5 厘米剪一个深 0.5 厘米的口儿，约剪出 96 个门形小块，然后把每个小块一上一下间隔掰开 25°，这样就成了一个有沟槽的大滑轮，在滑轮中心钻一个直径 0.6 厘米的小孔，在距离外缘 2 厘米处等距离地钻四个直径 0.6 厘米的小孔。用透明胶片覆在圆片上，并把圆孔透光处用透明色颜料涂上红、黄、蓝、绿四色（如图 12a）。

把已做好的四色孔轮用带有螺扣的套管装在一块边长 14 厘米的正方形透明有机玻璃板上（如图 12a），在方形有机玻璃板的一角装上带有电机的减速齿轮，并在减速齿轮皮带轮和四色轮上套一条橡皮筋做的传动带。

把做好的有减速装置的四色孔轮放在小型投影器的聚光镜上，再套上长方形盒子，这样凸透镜成像原理演示器便做成了。

三、使用方法

把四色孔轮放在投影器上，罩好长方形盒子，开启投影器开关，同时在长方形盒子侧面上下两个孔内放入点着的香烟，不一会儿就可以看到清晰的成像光路；如果开启小电机，使四色孔轮旋转，这时可以清晰地看到光路在盒内旋转着，五彩缤纷，甚为好看。此项实验不但说明了透镜成像原理，还可以激发学生学习的兴趣。

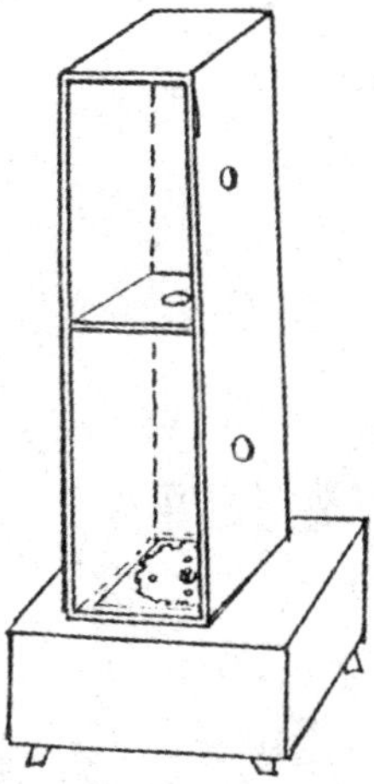

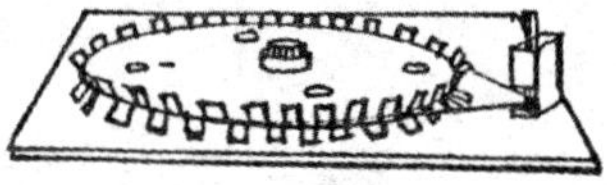

a

图 12

十三　视觉留盘

一、材料

硬纸板、大铁罐头盒、大针、马口铁、空罐头盒、铁片。

二、制法

1. 制留盘圈：用草纸板按图 13a 的尺寸裁成带有 15 个窄口的纸板条，然后粘成环形，里外都用黑漆涂成黑色（如图 13b）。

2. 做盘托：取较大圆罐头盒上一个（直径不小于 17 厘米），按图 13c 的尺寸裁好，中间焊一个 3 寸长铁钉备用。

3. 制支架：取马口铁圆罐头盒一个，底部正中打一个直径 0.4 厘米的小孔，去掉上盖后剪齐，底朝上焊在一块边长 11 厘米的正方形铁片上，正方形铁边四角各打一个直径 0.3 厘米的小孔，用螺丝钉拧在一块边长 14 厘米、厚 2 厘米的正方形木块上，在罐头盒底的铁片上垂直打一个凹坑（如图 13dA 点）。

4. 把留盘放进支架，留盘圈内狭孔下方贴上连续动作的画。这样，视觉留盘就做成了。（如图 13d）

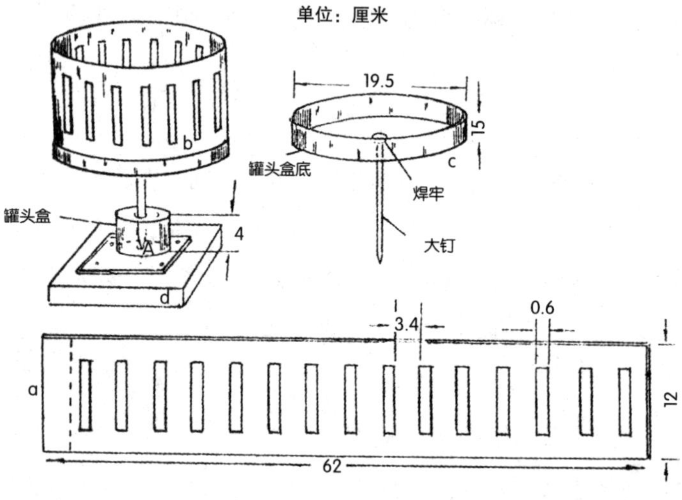

图 13

三、使用方法

把留盘放在桌上，用手捻动大钉做的轴杆，这时从狭缝中就可以看到景物会动起来。

十四　简易光具座

一、材料

塑料电线槽板、5 倍塑料放大镜（集邮用放大镜）、0.5 毫米厚铁片、木块、蜡烛。

二、制法

1．取一段长 40 厘米电线槽板，将其底槽用小钉钉在一块长 40 厘米、宽 5.5 厘米、厚 1 厘米的长方形木板上，做成光具座底座。

2．用 0.5 毫米厚的铁皮制成图 14a 的形状，并固定在一块长 5 厘米的塑料槽板的面板上，在 A 点固定一块宽 5.5 厘米、长 15 厘米的三合板，三合板一面涂上白漆或贴上图画纸，作为小屏幕（如图 14aA）。

3．用 0.5 毫米厚的铁板皮制成图 14bB 的形状，并固定在一块长 5 厘米的塑料面板上，把塑料凸透镜插上待用（如图 14b）。

4．用 0.5 毫米厚的铁皮制成图 14c 的形状，并固定在塑料槽板的面板上，插上蜡烛待用（如图 14c）。

5．把屏幕座、凸透镜座、蜡烛座依次插入槽板底滑槽中，这样简易光具座便做成了。（如图 14）

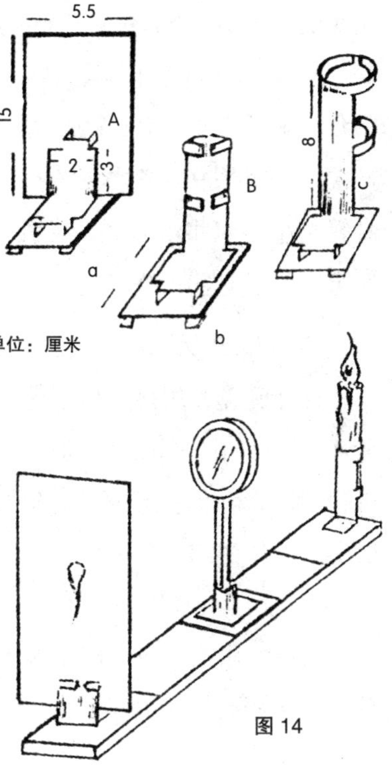

图 14

三、使用方法

把凸透镜插入屏幕和蜡烛之间，让凸透镜屏幕、蜡烛在同一高度上。左右移动凸透镜，当凸透镜移到适当位置时，屏幕上就会出现烛焰的倒立像。

适当调整屏幕、凸透镜、蜡烛的位置，在屏幕上可以显示烛焰的三次成像。由于蜡烛在燃烧过程中逐渐缩短，所以要及时调整蜡烛高度，使屏幕、凸透镜、蜡烛始终保持在同一高度上。

十五　三棱镜

一、材料

铁片、玻璃、914 胶水。

二、制法

1．用薄铁片按图 15a 的形状剪两个边长 30 毫米的小三角形，并折曲成图 15a 的形状，取一个废牙膏袋旋口及旋盖，将其焊在其中一个三角形的中心（以备注水之用）。用薄铁片卷成一个筒状的手柄（如图 15b），将它焊在另一个三角形铁皮中心。

2. 取长 100 毫米、宽 28 毫米的玻璃条三块，拼成竖直三角形，用已做好的两个铁三角将玻璃上下卡住，为使其不漏水，可用 914 胶水将各拼合缝粘牢。如此，一个三棱镜便制成了。（如图 15c）

三、使用方法

打开旋盖，用注射器通过牙膏袋旋口向三棱镜内注满水，再拧紧旋盖。用它可做光的折射实验，如把阳光分散为红、橙、黄、绿、青、蓝、紫七色光。

三棱镜用完后应及时把水排净，以免陈水影响玻璃的透明度。

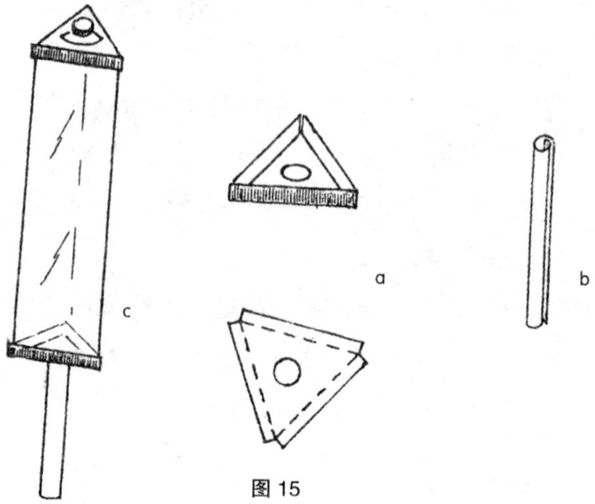

图 15

十六　凸透镜（一）

一、材料

塑料板（或三合板）、透明塑料薄膜、回形针、8 号铅丝、螺母等。

二、制法

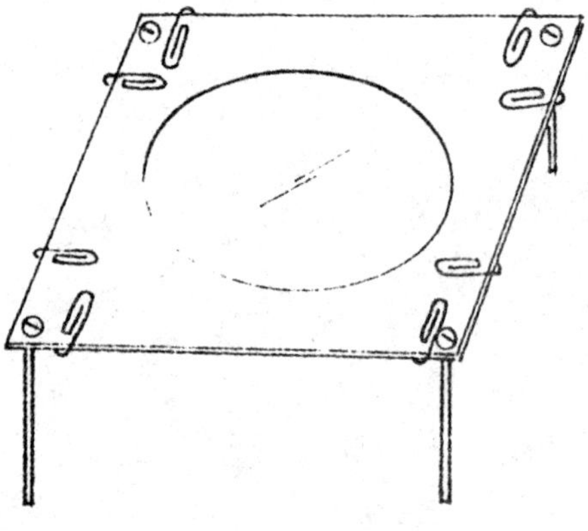
图 16

1. 将边长 160 毫米的正方形塑料板（或三合板）中部挖一个直径 120 毫米的大圆孔，并在四角各打一个直径 4 毫米的小孔。

2. 将一块边长 180 毫米的正方形透明塑料薄膜覆盖在塑料板上，将四边余出的薄膜边折向塑料板后面，并用回形针卡牢。

3. 取长 120 毫米的 8 号铅丝四段，每段的一端均套上螺丝扣，然后各段铅丝均旋入一个螺母，再把它们各自穿入塑料板的四角小孔中，最后用螺母将露出塑料板小孔的螺

丝扣旋紧。至此，凸透镜制作完毕。（如图 16）

三、使用方法

把凸透镜平放在桌子上，将水注在塑料薄膜上，由于水的重量把薄膜压成凸状，成单凸镜，薄膜越松、注水越多，凸透镜凸度越大。将要观察的物体放在塑料薄膜下方，调整物体的高低，即可看到物体被放大的物像。

十七　凸透镜（二）

一、材料

塑料板、塑料薄膜、M3 螺丝钉、气门芯、20 毫升注射器。

二、制法

1. 取边长 10 厘米、厚 0.2 厘米的正方形塑料板两块，在每块塑料板正中打出一个直径 6 厘米的小孔，沿每块塑料板的每边（距边缘 1 厘米处）等距离打出 4 个直径 0.3 厘米的小孔，再于每块塑料板的正中心与任意一边的中心线之间用整形锉各锉出一条窄沟槽（如图 17a），沟槽宽 0.3 厘米、深 0.15 厘米。

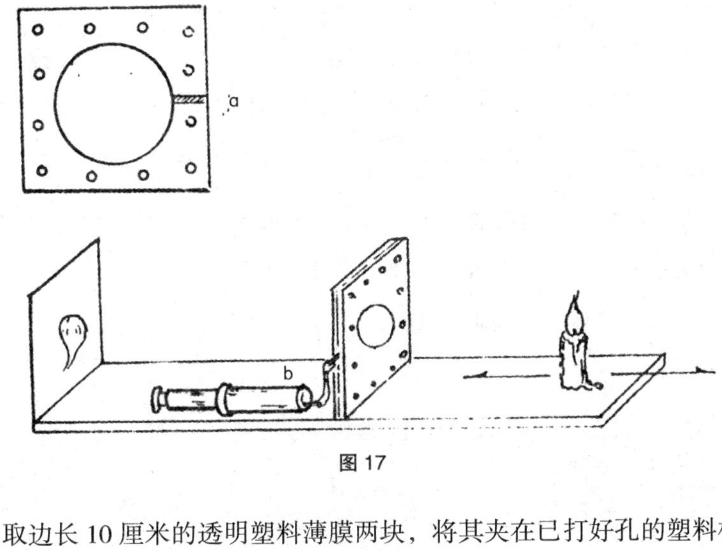

图 17

2. 取边长 10 厘米的透明塑料薄膜两块，将其夹在已打好孔的塑料板之间，并同时在已锉好的窄槽沟中放入一段自行车气门芯，气门芯的一端夹在两块塑料薄膜中间，露出塑料板中心孔约 0.3 厘米，另一端伸出方形塑料板一侧，然后用多枚 M3 螺钉穿过边孔把两块塑料板连同塑料薄膜、气门芯紧固在一起。

3. 取一块长约 30 厘米、宽 10 厘米、厚 2 厘米的长方形木板。在与两端距离相等处，横向锯出一条宽 0.4 厘米、深 1 厘米的沟槽。把已夹好塑料薄膜的塑料板卡在沟槽中，并涂上502胶水，使其固定在木板上，按图17b在木板的一侧固定一个15毫升的注射器，将注射器嘴和伸出塑料板的气门芯嘴连接好。

三、使用方法

先用注射器通过气门芯向两层塑料薄膜间注射一定量的清水，使其成为有较大凸度的放大镜，然后再外拉注射器手柄，将塑料薄膜内的水吸出一部分，使放大镜凸度变小。在这样的反复推拉（注水和吸水）中，观察放大镜后面物体形状大小的变化。此项实验可在短暂时间内说明凸透镜度数的变化与其放大倍数的关系，还可说明人体晶状体凸度变大变小与物体在视网膜成像的关系。

十八　光的直射演示器

一、材料

木板、三合板、玻璃、白炽灯泡。

二、制法

1. 用木板钉成一只长方形烟雾箱，在箱的前脸距边缘0.5厘米处，裁出0.3厘米宽的浅沟槽，然后装上玻璃，再在箱体一侧竖直打三个直径0.4厘米的小孔（如图18）。

2. 取一块边长12厘米、厚2厘米的木板，上面安装一个灯口，连上电线及开关后，安装60瓦白炽灯泡一只，再将带灯座木板用螺丝钉与箱体相连。

三、使用方法

拉出烟雾箱玻璃，往箱体内喷进烟雾（烟草烟、蚊香烟均可），然后快速把玻璃拉好，将白炽灯移至已打好的箱孔前方，开启电灯开关，光线从孔内射入箱内，由于光线直射，所以在箱内烟雾中，三条平行光线清晰可见。

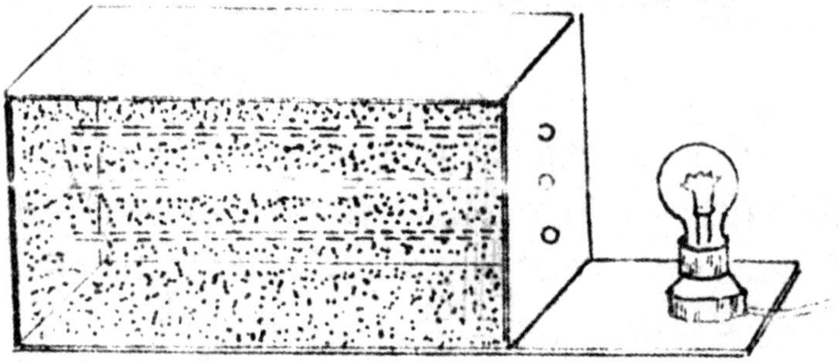

图18

十九　太阳灶

一、材料

黏土、废水泥袋、铝箔纸、8号铅丝。

二、制法

1．把黏土和成泥，在水泥地面上堆一个直径30厘米、高10厘米的抛物形泥胎，晾干后，用粗、细砂纸打磨光滑。

2．取一个废水泥袋，剪成长25厘米、宽5厘米的长方形纸块若干张。先用水把纸洇湿后，往抛物形泥胎上均匀地贴上两层。待稍干后，继续用水泥袋纸涂抹糨糊往泥胎上粘贴，贴至十几层后放置通风处慢慢阴干。待纸层全干后，从泥胎上取下锅状纸型，去掉最初未涂糨糊的两层纸，用细砂纸把纸型打磨光滑。

3．取铝箔纸剪成瓜皮状，均匀贴在抛物形的纸型锅里，制成太阳灶主体。

4．用8号铅丝按太阳灶的沿口直径弯一个环形灶架，支架上焊好灶轴及集热容器的支架。（如图19）

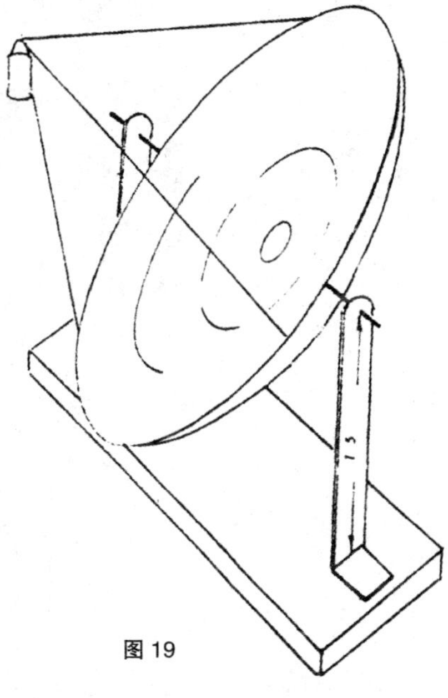

图19

三、使用方法

将太阳灶放在向阳处，调整太阳灶的高度，使其与太阳光线垂直。在集热处的三脚架上挂上盛水的易拉罐，并及时随光线移动调整方向，使其始终向阳。在夏天，一罐水十几分钟即可沸腾。

二十　热的辐射演示器

一、材料

60瓦灯泡、铁皮、木板、电线、温度计。

二、制法

1. 用两块长15厘米、宽13厘米的长条白铁皮各弯成半圆形，将两个半圆形以相隔0.3厘米的距离，用长2厘米、宽0.4厘米的四条短小铁皮焊接成圆形，圆形里面一半涂上墨色，另一半涂成白色（保持铁的本色也可，但不能用锈铁皮）。在铁皮两外侧壁距上端0.3厘米和5厘米之处，焊上上下垂直的两对温度计卡托。（如图20a）

2. 取一块边长15厘米、厚2厘米的方形木板，木板中部安装一个座灯口，灯口旁装上开关，拧上60瓦白炽灯泡并连接好电线。（如图20b）

三、使用方法

把圆形铁皮筒罩在白炽灯泡上，圆形铁皮两边的温度计卡子各卡住一只温度计，开启开关，筒壁受热，由于黑色物体吸收热，白色物体反射热，不一会儿两侧温度计的示数便有明显差别，用于说明热的辐射作用及黑白色物体吸收光热的差异。

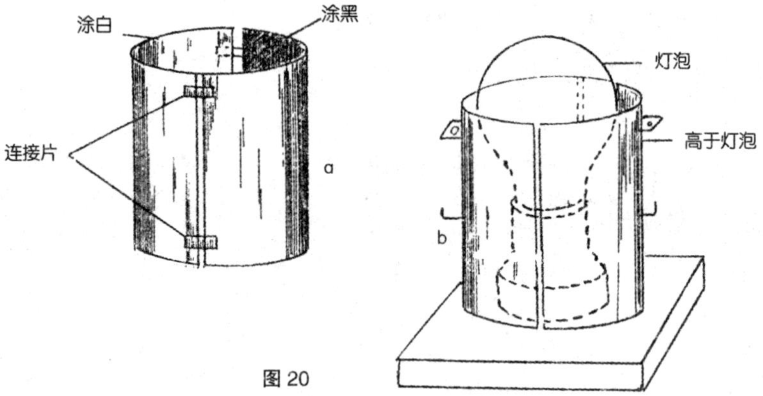

图20

二十一　太阳能转轮

一、材料

易拉罐、木板、自行车辐条、8号铅丝。

二、制法

1. 在易拉罐底部中心打一个直径0.2厘米的小孔，取一段14厘米自行车辐条，把带有螺纹的一端从上口插入穿过底部小孔，并用两个辐条帽上下卡紧。（如图21A点）露出顶部开口的辐条要锉尖。

2. 在易拉罐壁下部一侧开一个3平方厘米的方口。上部铁丝尖端架上一个转轮。转轮材料可取自易拉罐的薄铝板，把铝板剪成直径6厘米的圆形，周围等分6—7份，用剪刀剪开后，都向同一方向折曲25°，制成叶片，圆形转轮中心打一个直径0.2厘米的小孔，并镶嵌上一个按扣儿，架在露出罐外的尖支架上，注意转轮既能保持平衡，又能灵活转动。

3. 照图 21a 做一个卡子，把易拉罐架在支架上，易拉罐侧面涂上黑漆，放在阳光下（在室内演示时也可以在易拉罐底部点燃一支蜡烛）。这时由于罐内空气受热上升，空气从开口处跑出，冷空气则不断从下方开口处进来补充，形成空气对流，气流便推动转轮转动。

三、使用方法

把转轮置于朝阳避风的阳台等处，由于黑色物体吸热，罐内空气很快受热变轻，从顶部三角口跑出，而冷空气则不断地从底部进气口补充。空气对流成风，推动叶轮转动。

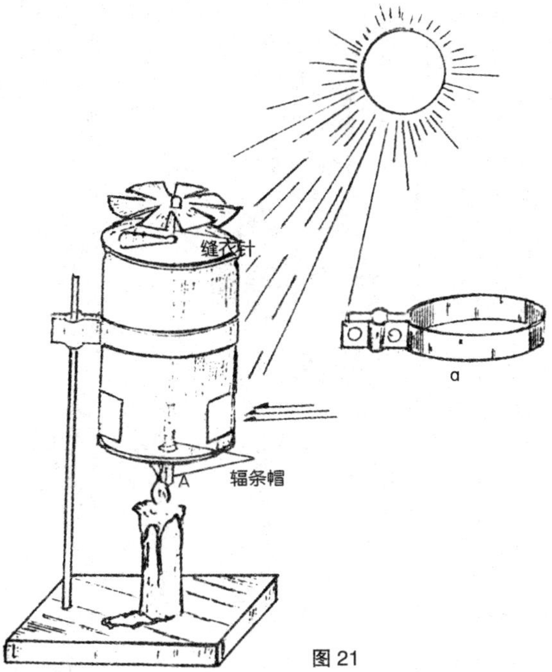

图 21

二十二　光转轮

一、材料

锡箔纸、装药小玻璃管、小钢针、小木板、广口瓶。

二、制法

1. 用锡箔纸做叶轮（如果一侧贴白纸，应将白纸沾湿揭掉）。将锡箔纸展平后剪出相同的 4 块，尺寸为 3 厘米 ×6 厘米。

2. 将每张锡箔纸对应的一面用燃烟熏黑。

3. 将锡箔纸的一边用乳胶粘在小药瓶的侧壁上（如六神丸药瓶，直径为0.3厘米圆底）。

4. 将一根缝衣钢针，用钳子夹住插入小木板中，针尖朝上。

5. 将叶轮放在针尖上，把广口瓶倒扣在叶轮上。（如图22）至此，光转轮制作完毕。

三、使用方法

将装置放在阳光下，轮子会自动转起来。

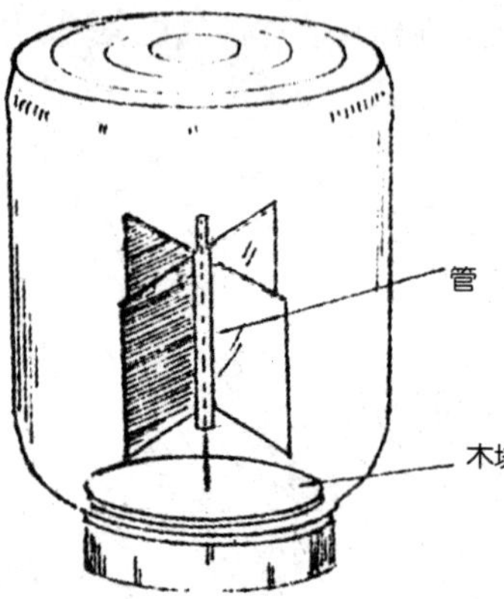

图22

二十三 空气对流演示器

一、材料

易拉罐、按扣儿、铁丝、木块。

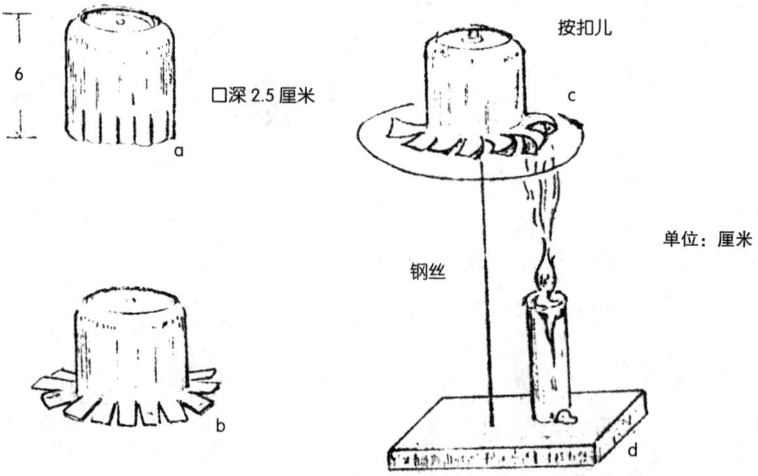

图23

二、制法

易拉罐横向截开，取下半部6厘米高，底部正中钻一个小孔，嵌上一个按扣儿做支撑轴承，在沿罐壁开口处等分16份后，逐一剪开，各剪口均深2.5厘米。（如图23a）把剪开的每片都向外掰90°成草帽状（如图23b），再把每片都向同一方向斜侧扭曲35°（如图23c）。

把一段长13厘米的自行车辐条的一端锉尖，一端安在木板上做成支架（如图23d）。把演示器架在支架上，至此，空气对流演示器就做完了。

三、使用方法

1. 点上一段蜡烛使烛焰正好对着叶片。点燃后，由于空气上升，冷空气补充流动成风，对流演示器就会不停地旋转，从而做出空气对流的显示。

2. 安装按扣儿时，一定要注意位置，要在易拉罐底部中心，以保持演示器的平衡。

二十四　风的形成演示器（一）

一、材料

玻璃、吹塑纸、木块、铁丝。

二、制法

1. 把6块厚0.3厘米的玻璃条，用白乳胶粘合成“L”形演示器主体。玻璃条的具体尺寸、数量如下表：

号数	尺寸（毫米）
0、2	145×6×0.3
1、4、7	22×6×0.3
3	15.5×6×0.3
5、6	16×6×0.3

黏合时要注意，不要急于求成，要等一部分粘牢后再粘另一部分。（如图24e）

2. 取易拉罐一个，做一个空气对流演示器式样的风帽，把它架在用铁丝、木块做的支架上，支架上端要锉尖，以便风帽能灵活转动。（如图24b）

3. 用吹塑纸按图24c的样子做一个轻巧的立轴式纸风车。

剪两片直径为3.5厘米的吹塑纸圆片，用圆规把两个圆片周长各等分6份，按画痕把两个圆片各剪出6条窄口，口深1厘米。把其中一个圆片中部打一个直径0.25厘米的小孔做风车底片，另一个圆片正中部嵌上一个按扣儿的子扣做风车顶片，再剪6条宽1.5

厘米、长 4 厘米的吹塑纸一一嵌入吹塑纸上下两个圆片的剪口内（如图 24c），剪口与吹塑纸条接连处涂上白乳胶固定（不可用 502 胶）。

4. 用三合板做成图 24d 形状的支架，支架底部中间插入一根长 5 厘米的细铁丝，铁丝上部要锉尖，把做好的吹塑纸风车放在支架上，铁丝尖端插入按扣儿子扣的凹坑里。

把小风车和对流演示器分别装在 L 型玻璃筒的进气门和出气口处，点燃蜡烛进行实验。

三、使用方法

点燃蜡烛，罩上 L 型玻璃罩，当蜡烛在玻璃筒里燃烧时，可以看到出气口处的风帽徐徐旋转，证明空气从出气口（相当于烟囱）排出。同时可以看到进气口的小风车急速旋转，证明冷空气不断从进气口（相当于炉门）进来补充。以此演示风的形成原因。

演示时，蜡烛要放在玻璃罩的正中，以免燃烧时烤坏玻璃。用 100 瓦白炽灯泡代替蜡烛，效果更理想。由于玻璃易碎，演示时注意轻拿轻放，注意不要碰倒。

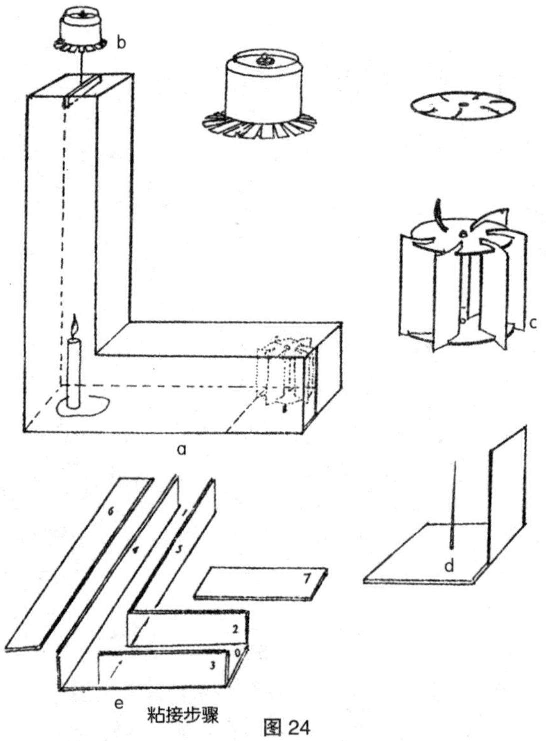

图 24

二十五　风的形成演示器（二）

一、材料

易拉罐、有机玻璃板、吹塑纸、细铁丝等。

二、制法

1. 取两个易拉罐，去掉罐底、罐盖的中间部分（边缘保留，以免影响强度），将一个易拉罐的底部与另一个易拉罐的顶部对接，并用502胶水粘牢。在下面的易拉罐距底10毫米罐壁上打出一个边长5厘米的正方形口。

2. 取长20厘米、宽7厘米、厚0.1厘米的有机玻璃一块，将它沿纵的方向用笔等分4份，在每份之间的画线处用废钢锯条划出浅沟（如图25a），在浅沟处用电烙铁加热烘烤，待有机玻璃烤软后迅速折成直角。几次折曲后，成为长方体形，接口处用502胶粘牢。

3. 把用有机玻璃做好的长方体一端塞入易拉罐正方形开口处，并用502胶水粘牢，以此作为进气口（如图25b）。

4. 用吹塑纸做好一个轻巧的立轴式风车。（如图25c）

5. 取一只废日光灯启辉器做一个空气对流演示器式样的风帽。具体方法是：将启辉器内部的电容等去掉，仅留下空壳，在开口处纵向等分14份，逐一剪开，剪口均深1.8厘米，把剪开的各片均向外掰成90° 成草帽状（如图25c），再将各片均向同一方向倾斜扭曲30° ，在启辉器顶部小圆孔中嵌上一个按扣儿做支撑轴承。

6. 用18号铅丝弯一个风帽支架（如图25d），支架一端用锉锉尖，以便架上风帽后能使其灵活转动。

7. 在有机玻璃进风口下底距外缘3厘米处打一个直径0.15厘米的小孔，再将一根长0.45厘米并有一端锉尖的自行车辐条插入小孔中，插入辐条的同时，把吹塑纸做的立轴式风车架好，并用502胶水把辐条粘牢。

8. 把用18号铅丝弯好的风帽支架卡在易拉罐的筒状主体上口（出气口处），并把启辉器做的风帽架上。至此，风力形成演示器（二）制作完毕。

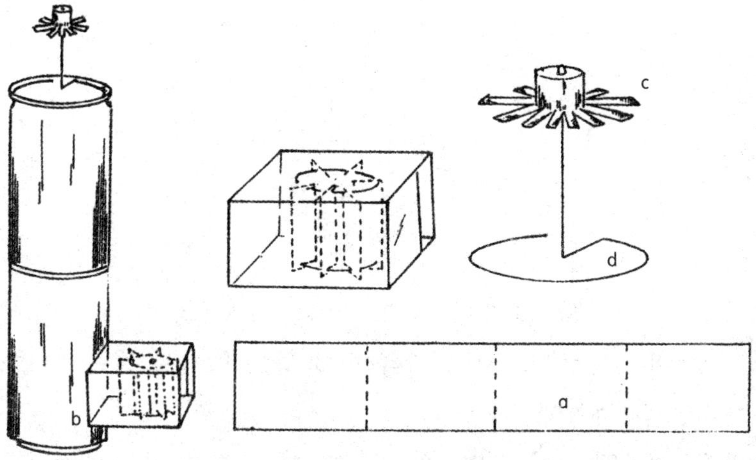

图25

三、使用方法

点燃蜡烛，罩上长筒形易拉罐，由于筒内空气受热上升，气流推动风帽徐徐转动，冷空气则不断从进气口补充，进罐气流便吹动小风车高速旋转，以此形象地说明热空气上升，冷空气补充，从而使空气流动形成风的道理。

二十六　风的形成演示器（三）

一、材料

易拉罐、135 透明胶卷盒、硫酸纸、大头针、铁丝等。

二、制法

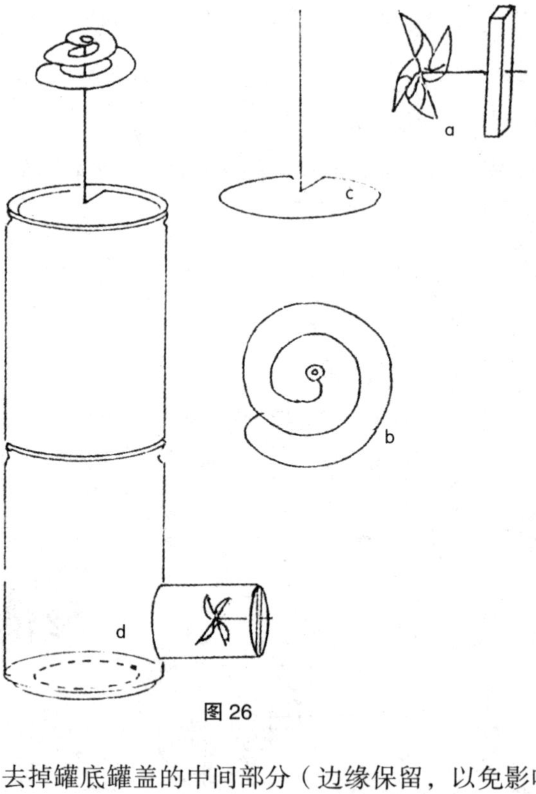

图 26

1. 取两个易拉罐，去掉罐底罐盖的中间部分（边缘保留，以免影响强度）。将一个易拉罐的底部与另一个易拉罐的顶部对接，并用 502 胶水粘牢。在下面的易拉罐距底 1 厘米的罐壁上打出一个与 135 透明胶卷盒直径相等的孔，将去掉底的 135 透明胶卷盒塞入此孔，并用 502 胶水粘好。

2. 取 2 平方厘米的硫酸纸，做一个小风车。将小风车用大头针（或昆虫针）架在一块长 3 厘米、宽厚各 0.4 厘米的木条上。（如图 26a）

3. 另取一个易拉罐展开，剪取 7 平方厘米薄铝箔，做一个铝陀螺，并在陀螺中心处嵌上一个子母扣儿做轴承。（如图 26b）用 18 号细铁丝做一个陀螺支架（如图 26c），支架顶端要锉尖，再把陀螺架在支架上。

4. 将纸风车放在 135 透明胶卷盒做的进风口里，木块朝外粘好后嵌入易拉罐下部的圆孔中。铝陀螺连同支架卡在长筒形易拉罐顶部的出气口处（如图 26d）。

5. 若用 0.05 厘米薄铁片做一个底托，则演示更为方便，并且演示中的稳定性更强。若不用底托，亦不影响演示效果。

三、使用方法

点燃蜡烛，罩上长筒形易拉罐，由于筒内空气受热上升，在出气口形成的外流气流便推动陀螺徐徐转动，冷空气则不断从进气口补充，进罐气流便吹动小风车高速旋转，以此便能形象地证明热空气上升，冷空气补充，从而使空气流动形成了风的道理。

二十七　立轴式风车

一、材料

易拉罐、铁丝或自行车辐条、小木块、按扣儿。

二、制法

把易拉罐沿竖的方向分成六等份，用快刀切开，切口距离盖和底 1 厘米，在切口上下两端再左右斜切一个小口，以做叶片扭曲时用。同时注意斜切的小口位置要错开，以免扭曲叶片时叶片从此折断。（如图 27b）把切开的每片都向一个方向扭曲 25°（如图 27a），为了美观把角剪掉，切口剪齐。在易拉罐底部打一个直径 0.2 厘米的小孔，顶部三角口处嵌上一枚按扣儿。为了不使按扣儿滑出，可在三角口处另剪出一个小三角形的小角，用以折回固定住按扣儿。把一段自行车辐条一端锉尖，从底部穿入风车，尖端处顶在按扣儿的凹坑里，辐条下端安装在木板上或绑在竹竿上。这时只要有微风拂过，风车就会高速旋转。

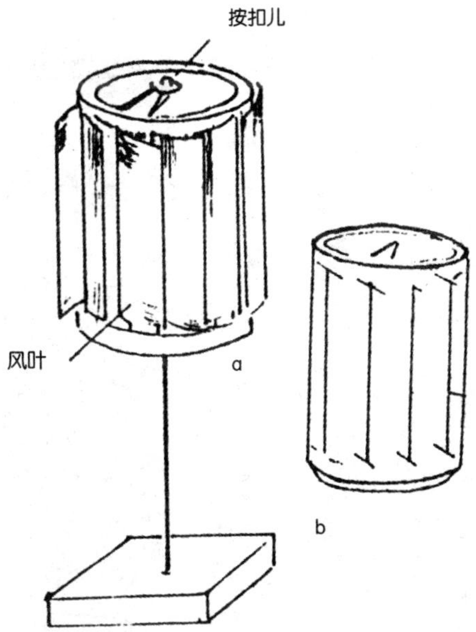

图 27

三、使用方法

立轴式风车架在支架上，最好架在室外较高的地方。为了增加演示效果，可多做些风车，架在一起成风车群，更为壮观。为了使风车不易从支架上滑掉，可在底部转轴处套上一段细圆珠笔芯管作为卡子，卡子要卡到使风车转动灵活且不易脱落的程度为好。

二十八　旋转式风车

一、材料

易拉罐、马口铁、自行车辐条。

二、制法

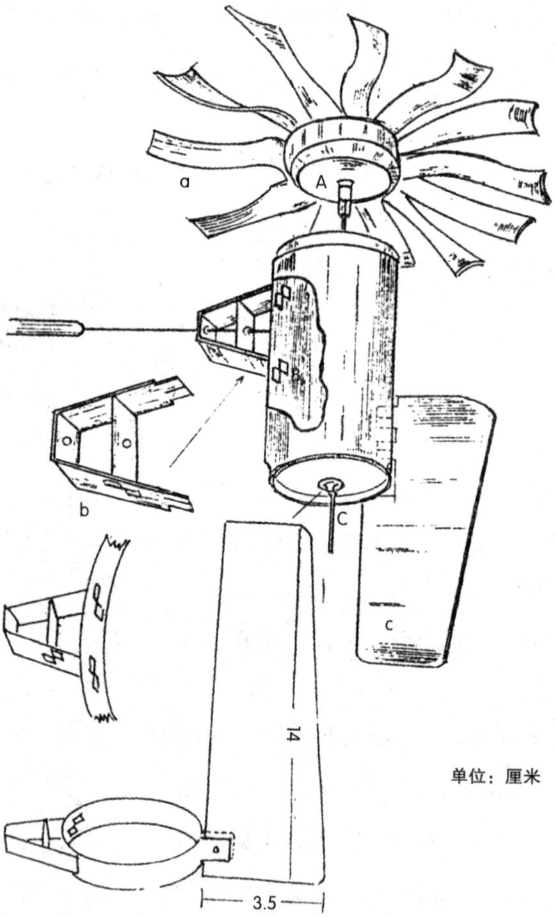

图 28

1. 将易拉罐横向截开，留下半部 10 厘米高。节口处均匀剪出 9—12 条，剪口均深 8 厘米的叶片，每个叶片宽度均等，并把每个叶片向外掰成草帽状，再将每个叶片都向同

一个方向扭曲相同角度（15°—25° ）制成风车叶。（如图 28a）

在易拉罐底部正中钻一个直径 0.2 厘米的小孔，孔中穿入一段 17 厘米长的带有螺扣的自行车辐条，并用两个辐条帽将制好的风车叶紧紧卡牢（如图 28A 点）。

2. 风车架制法：另取一个易拉罐，将底部正中钻一个直径 0.2 厘米的小孔做风车架轴承，易拉罐顶部开口处嵌入一枚用细锉锉掉顶部的按扣儿，用它做风车架另一端的轴承。为了使按扣儿不从易拉罐顶部开口内滑出，可以在此口一边剪出一个细小的三角形小角，用以折回卡住按扣儿。

3. 在易拉罐中部卡上一个竖轴支架轴承（见图 28b），轴承可以用马口铁制成。将易拉罐中部按轴承尺寸横切两个 0.8 厘米的小口，把轴承卡头插入后，把卡头前后掰平卡牢，这时轴承便牢固卡在易拉罐的一侧。由于易拉罐顶部三角形开口甚小，不便操作，所以在掰卡头 B 点时要在阳光下用细长改锥掰好。也可以按图 28b 制竖轴支架。

4. 在轴承对侧一端装上一个像图 28c 样子的尾翼，装置方法和轴承一样，用卡头卡牢。

5. 把制好的风车架在磨尖的自行车辐条做的支架上。为了使风车不从支架中滑出，可在图 28C 点套上一段细圆珠笔芯，这时风车便可随风转动。

三、使用方法

易拉罐虽然轻巧结实，但在大风下最好把风车拆下，等风小时再用，以免受损。经常在风车转动部分涂上润滑油，以保证风车能灵活转动。

二十九　手风车

一、材料

易拉罐、圆珠笔芯、自行车辐条、木条、M3 螺丝钉等。

二、制法

1. 制风车叶轮：从易拉罐底部上数 6 厘米高处把易拉罐横截开，将截口圆周等分 14 份后向下剪开，剪至距罐底 1 厘米处止。然后将各条平掰成草帽状，再向同一方向扭曲成 25° 。罐底中心打一个直径 0.2 厘米的小孔（如图 29a）。

取自行车辐条 12 厘米，把带有螺纹的一端穿入易拉罐做的轮叶中间的小孔后，再用两个辐条帽把叶轮左右卡紧卡住，使轴和叶轮成为一体。

2. 制手柄：取一段约长 20 厘米的长木条，在距上端 1 厘米处打一个直径 0.3 厘米的小孔。取一段长 3 厘米粗圆珠笔芯如图 29b 那样用铝片包好做轴承（铝片可取自易拉罐）。铝片上打一个直径 0.3 厘米小孔，用螺钉把轴承紧紧固定在手柄的上端。

3．把风车轴从圆珠笔芯做的轴承中穿出。为了不使风车叶轮滑出，可在风车轴穿过轴承后，在轴上套上一段细圆珠笔芯，这时手持风车迎风走或跑，风车便会飞快转动。

三、使用方法

手风车手柄最好是扁形，以便固定轴承，手持风车转动或持风车走跑，风车都能高速旋转，借以说明风力的作用；轴承部分不能卡得过死，要能灵活转动。

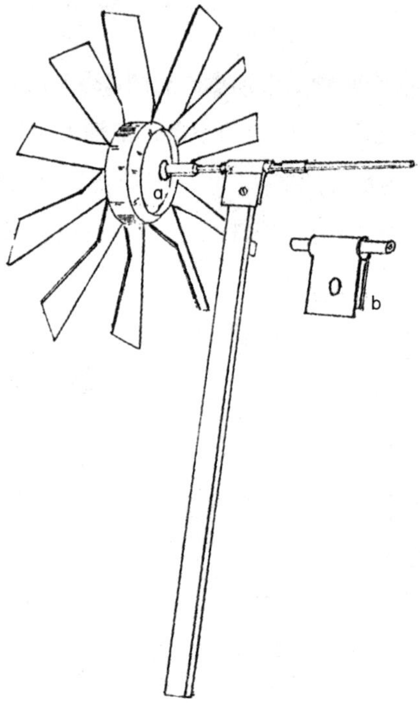

图 29

三十　轴流式水车

一、材料

易拉罐、铁丝、辐条、塑料管、铁皮。

二、制法

1．制水轮：截取易拉罐下半部 5 厘米高的罐体，再沿切口剪成 16 条垂直开口，开口均剪至底部。把罐片都向外平掰成草帽状后（如图 30a），再把每片基部照图 30bA 点那样折曲一个角度。底部中间打一个直径 0.2 厘米的小孔。

2．另取 1 厘米高的带底罐体，在底部正中打一个小孔，扣合在有叶片的易拉罐上。两者扣紧后，在圆底中心穿上一段自行车辐条做轴，并在辐条两端各穿上一段细圆珠笔

芯卡紧，涂上 502 胶粘牢。为了转动灵活，把轴的下端用锉锉尖。（如图 30b）

3．将一个完整的易拉罐，用卡子卡在支架上。在距离支架底部 13 厘米处，装上一个水轮机轴承。轴承做法如图 30c。

4．按图 30 把各部件装好后，在贮水槽底部斜装一根导水管（如图 30d），使其能斜向冲击水轮叶片。为了使水轮转动灵活和使辐条不移位，在轮机中心点垂直的下端打一个凹坑，使机轴下端陷在凹坑里。

三、使用方法

全部制好后，在贮水槽内贮入水，调整好导水管冲击方向，使水流能斜向冲击轮叶，水轮则不停转动。为了示意水轮的运作功能，可在机轴上端装载图钉盒或瓶盖等物，用以象征石磨或发电机转子。

水车使用时要放在生日蛋糕盒里，以免水到处流溅。

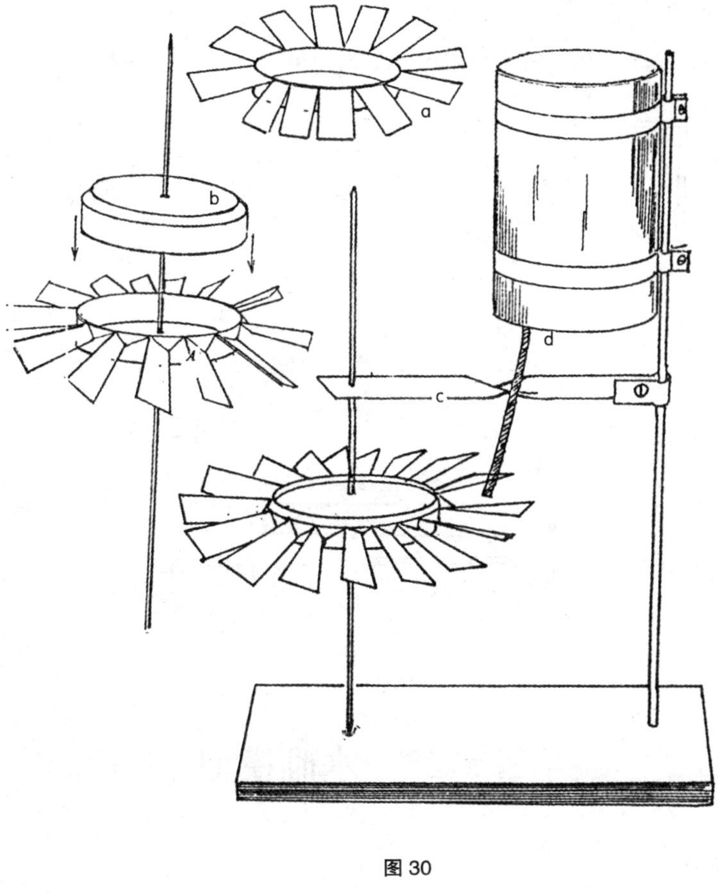

图 30

三十一　简易水车

一、材料

易拉罐、铁丝等。

二、制法

1．车体制作：在易拉罐壁划 6—8 条竖直等分线，用快刀沿线切开后，再在每个切口的两端各横切一个长 1.5 厘米的小口，使切口成门形。把切开的每片都向外掰 90°，在易拉罐底部打一个直径 0.2 厘米的小孔做轴承。顶部三角开口处嵌上一个锉掉顶帽的按扣儿，做另一边轴承。

2．用 14 号铁丝照图 31a 那样制成水车支架，把简易水车装在支架上，连接点在图 31aA 点。贮水槽的制法同前面水车一样，排水管要稍粗一些，以使冲量加大。

三、使用方法

调整水流冲向，使其正向冲击叶轮边缘，叶轮便会高速旋转。

使用时最好把水车放在盛生日蛋糕的塑料盒里，以免水到处流溅。

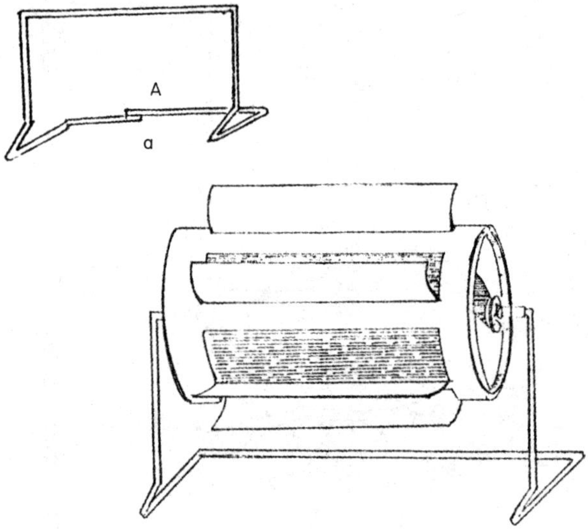

图 31

三十二　水碓模型

一、材料

易拉罐、铁丝、薄铁皮、木块。

二、制法

1. 制水轮：截取易拉罐下部5厘米高带底罐体，在截面处垂直剪成等分的14条开口，剪口直至罐底，把剪开的每条按图32a斜角对折后，再按图32b回折90°，并把回折的部分弯成弧形成叶轮，底部正中打一个直径0.2厘米的小孔。

另取易拉罐底下半部1厘米高带底罐体，在罐底中心打一个直径0.2厘米的小孔，和带有叶轮的罐体紧紧扣在一起，用自行车辐条穿过两个底孔后，再用两段细圆珠笔芯将两个底卡紧后用502胶水粘牢。（如图32c）

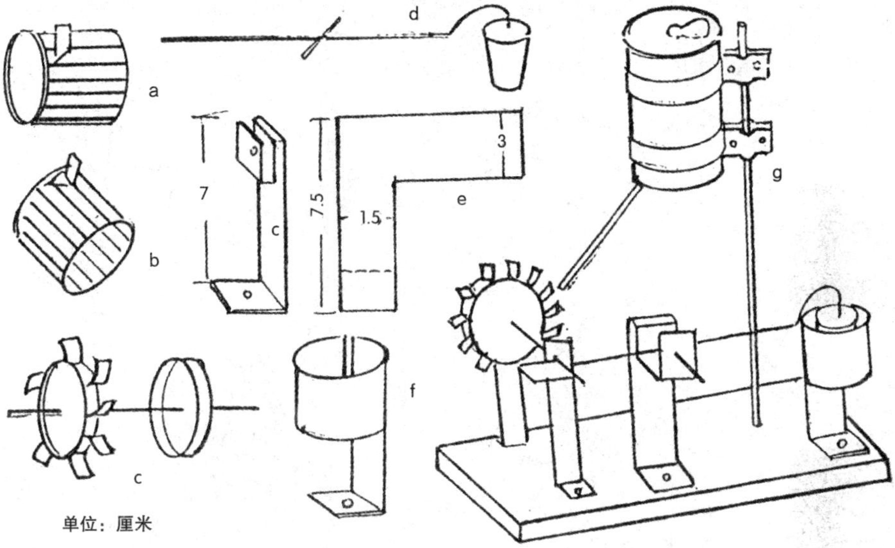

图32

2. 制碓锤：取一段长17厘米的铁丝或辐条弯成图32d的样子，在弯曲的一端嵌上一个用木块削成的碓锤，在锤杆中部用焊锡焊上长3厘米左右的一段铁丝做锤杆的轴。

3. 制碓锤支架：剪长13厘米、宽1.5厘米的铁片，弯成图32e的形状。

4. 制碓臼：用白铁皮按图32e的尺寸剪好后弯成图32f状的碓臼。

5. 制水轮支架：取长9厘米、宽1.5厘米的铁片两块做成支架。

6. 做贮水槽：剪宽1厘米、长26厘米铁片两块，制成图32g那样的卡子，卡在完好的易拉罐上。

7. 按图32把各部件用螺丝钉装好，在贮水槽底部斜装上一段细塑料管，使其正对水轮。在水轮的轴上焊上一个薄铁片做的拨片，使其能拨动碓锤杆上下跳动而做功。

三、使用方法

全部装好后，在贮水槽内装满水，水从水管流出冲动叶轮，使拨片拨动碓锤上下跳动而做功。

三十三　水轮机模型

一、材料

易拉罐、8 号铅丝、自行车辐条、马口铁、粗细圆珠笔芯、螺丝钉。

二、制法

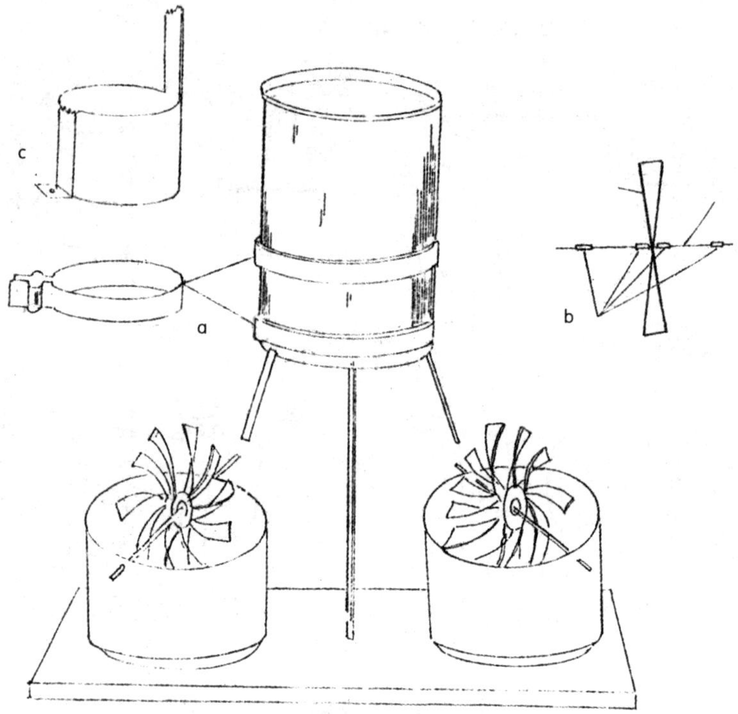

图 33

1. 制贮水槽：在一个完好易拉罐底部的边缘上，等距离地钻两个大小不同的小孔，剪两段各 4 厘米粗细不同的圆珠笔芯，强行塞入这两个小孔中。用马口铁做两个卡环，卡住易拉罐的下部(如图 33a)，再把易拉罐固定在支架上，支架可用 8 号铅丝插在木座上。

2. 制叶轮：把一个易拉罐体剖开后展开（用马口铁也可），剪成两个直径为 5.8 厘米的圆片，每个圆片向中心均匀剪出 24 个叶片，剪口距离圆心 1 厘米处止，再把每个叶片向同一个方向扭曲 45° 制成叶轮，叶轮中心打一个直径 0.2 厘米的小孔，各穿一段长 7.5 厘米的自行车辐条做轴。为了使叶轮固定在轴的中间，可在叶轮片两侧各套入一段长 1 厘米的细圆珠笔芯，把叶轮紧紧挤住。（如图 33b）

3. 制水槽：剪两个半截带底的易拉罐做水槽，高约 5 厘米。在上口的圆边上等距离地留两条长 6 厘米、宽 1 厘米的长条，以便下折固定水槽用，再在边缘 5 毫米处等距离地打两个 0.2 厘米的小孔（如图 33c），然后，将两个水轮分别架在水槽上的小孔中。为了使叶轮不致从水槽中滑出，水轮轴的两侧再各穿上一段长 0.5 厘米的细圆珠笔芯做护圈。

4. 把两个水轮分别架在贮水槽两个粗细不同的管口下，调整安装位置，使水流正好冲在水轮的边缘上，然后用小钉把水槽固定在底座上。

三、使用方法

在贮水槽中贮上水，水便从两个管口流出，冲击叶轮转动。由于管口粗细不同，流出的水量不同，叶轮转动的快慢也不同。

用削尖的小木棍堵住其中一个管口，适当调整贮水槽的高度，便可以看到水的落差越大，水轮转动得越快。适当调整水管冲击的位置，可以看到水流冲在水轮不同位置上，水轮的快慢也不同。

三十四　小水塔

一、材料

易拉罐、粗铁丝、细塑料管或细乳胶管、圆珠笔芯。

二、制法

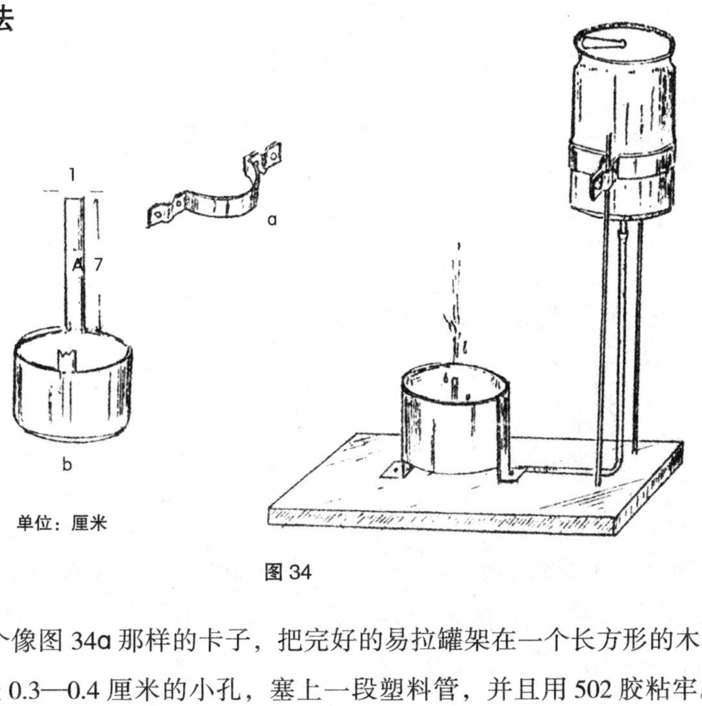

图 34

1. 做两个像图 34a 那样的卡子，把完好的易拉罐架在一个长方形的木板上，罐底部钻一个直径 0.3—0.4 厘米的小孔，塞上一段塑料管，并且用 502 胶粘牢。将另一个易拉罐剪成像图 34b 的形状（带底），把两边留下的长条 A 下折后，再左右分开折曲 90° 成喷水槽。在喷水槽底部钻一个直径 0.3 厘米的小孔，塞上一段去掉钢珠的圆珠笔芯做喷泉喷嘴。用气门芯把圆珠笔芯和水槽连好。这样，小水塔就全部做完了。

三、使用方法

在水塔（易拉罐）里贮上水，由于水的压力，水就会从喷嘴中喷出。

注入水塔里的水要保持洁净，以免堵塞。万一发生堵塞现象，用细钢丝疏通喷嘴即可。

三十五　弹簧秤（一）

一、材料

易拉罐、铁片、细钢丝或弹簧。

二、制法

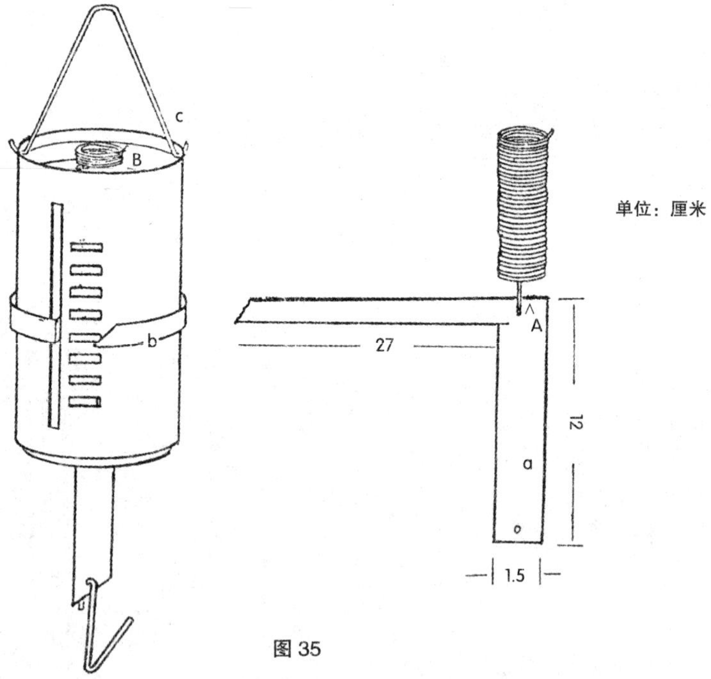

图 35

1. 将易拉罐一侧用快刀切出一个狭长开口，口的边缘用剪刀修剪平滑。在易拉罐底部用钢板尺尺角用力刻出一条宽 0.15 厘米、长 1.5 厘米的狭口，狭口的方向要和易拉罐一侧的长口一致。

2. 用薄铁皮如图 35a 形状和尺寸剪好，在距 A 点左侧 3.4 厘米处折成直角，宽的一段下端从罐底部狭长口穿出，把留在外边的长条细心地弯成比罐稍大的环形（如图 35b）。

3. 在露出底部的铁片上打一小孔，装上挂钩，宽铁片上边的孔 A 处挂上自制弹簧或橡皮筋，弹簧卡在罐顶三角口处（如图 35B）。

4. 罐顶部两侧等分打两个小孔，卡上挂钩（如图 35c），罐身开口处一旁刻上度数。刻度可用 50 克钩码为单位，一次次加码刻成。至此，易拉罐弹簧秤就制作完了。

三、使用方法

在挂钩上挂上重物（钩码）称出重量。弹簧可以用细钢丝自绕，或橡皮筋代用。但簧本身一定要软。

三十六　弹簧秤（二）

一、材料

细丝弹簧、铁丝、白铁片。

二、制法

取一段 4—6 厘米长细丝弹簧，用钳子将一端弯成挂钩，另一端变成环形。找一条长度适宜的白铁片，上端弯折后打出一个小孔，使弹簧环形由此通过。将白铁片剪成的指针固定在提勾竖直部位。找到指针起点作为秤的零点，用标准秤量出 50 克、100 克等，边加码边在指针指出的铁皮相应位置刻上刻度。这样一个实用弹簧秤就完成了。

三、使用方法

将被称物钩在弯钩上，然后用手提起环形提手，此时，指针指示的刻度即为被称物重量。

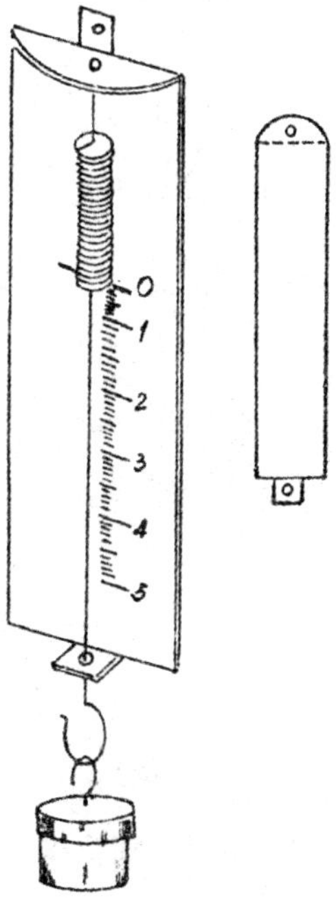

图 36

三十七　重心鸭

一、材料

易拉罐、细铁丝、吹塑纸、按扣儿、大螺母。

二、制法

1. 将易拉罐顶部原三角口扩大，并在三角口边剪出一个细小的三角形小角。在三

图 37

角口处嵌上一个用细锉锉掉帽顶的按扣儿，用三角形小角回折卡死做轴承；在易拉罐底部打一个直径0.2厘米的小孔，做另一端的轴承。

2. 将铁丝弯成图 37A 的样子，中部挂上 3—4 个大螺母，穿过两个轴承后向上折成直角，在铁丝两端弯成小圆环。（铁丝末穿过筒底轴承时，三角口处按扣儿做的轴承先不装进三角口正中，待全部穿好后再装好按扣儿轴承卡死。）

3. 用吹塑纸剪一个小鸭，用胶带纸粘在一根细铁丝上，再将铁线两端穿入易拉罐滚筒铁丝的小环中。铁丝两端折角，以免铁丝从环中滑出。（如图 37）

三、使用方法

1. 手推易拉罐，小鸭总是垂直向上。

2. 把重心鸭放在迎风的水泥地上，风吹动纸鸭，由于重心向下，小鸭直立不倒。此教具可以清楚地演示地心的引力和物体的重力。

三十八　水的浮力演示器

一、材料

木条、细铁丝、钩码、铁皮、烧杯、M3 螺丝。

二、制法

1. 取一条长 50 厘米、宽 2 厘米、厚 0.6 厘米的木条，在木条宽面正中打一个直径 0.3 厘米的小孔；在木条窄面中心向两边每隔 4 厘米拧入一个羊眼（中间不拧），共拧 12 个。

照图 38 做一个木支架，在支架立柱宽面上端开一个宽 0.8 厘米、深 4 厘米的狭长口，窄面顶端 1 厘米处打一个直径 0.3 厘米的通孔，以便把杠杆架上。在立柱宽面距离底部 8 厘米处，凿一个宽 0.4 厘米、长 4 厘米的狭口；在立柱窄面正对狭口中部钻一个直径 0.3 厘米的通孔，以便架入举杯柄。

2. 用宽 1 厘米、长 22 厘米铁片，照图 38a 弯成烧杯卡环，在卡环等分处左右各打

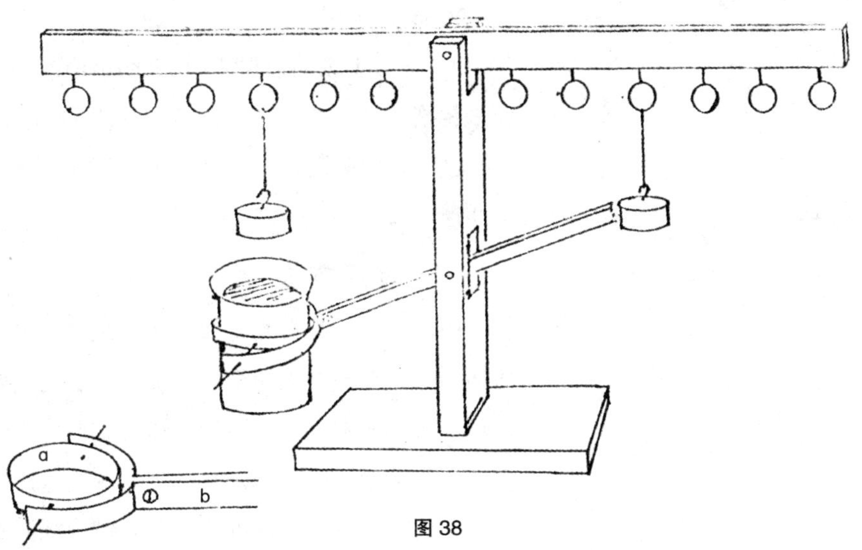

图 38

一个直径 0.15 厘米的小孔，从孔里各穿入一个小钉，用锡焊牢做轴用。用 M3 螺丝钉把环卡在 150 毫升烧杯的上口处。

3. 照图 38b 做一个举杯柄，架好烧杯。

4. 做两个 15 厘米长的挂钩，把钩码各自挂在中心孔左右的第三个羊眼里。

5. 把杠杆、举杯柄等照图 38 装在支架上。

三、使用方法

在烧杯内贮上水，不要过满，以免溢出。在未按举杯柄时，由于钩码重量相等，重力臂、阻力臂相等，杠杆保持平衡状态。当按下举杯柄后，其中一个钩码浸没入水中，由于水有浮力，杠杆便向一方倾斜，借以生动地说明水的浮力作用。

注：此演示器也可做杠杆演示使用。

三十九　浮沉子

一、材料

滴管、大塑料瓶（旋紧盖后不能露气）、直径 0.5 毫米的漆包线。

二、制法

1. 取一个滴管，在滴水口上的细管部位，缠上十几圈直径 0.5 毫米左右的漆包线，在滴管内注入占总容积 2/3 的水后，试着将滴管放入水中，使其能在水里上浮至露出胶

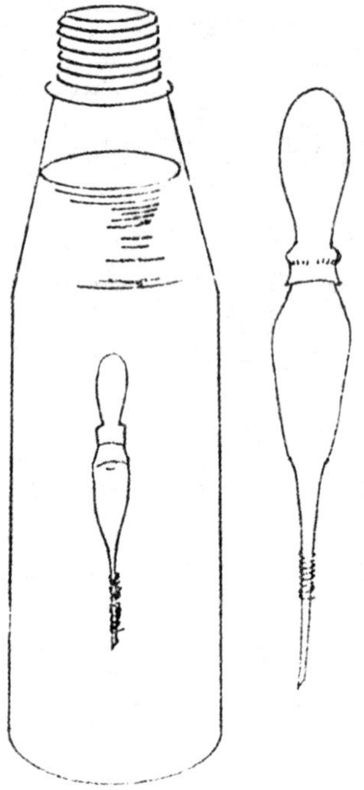
图 39

囊的顶部一小部分为止。

2. 把大型塑料瓶贮上水，水面距上口约 4—5 厘米，把注入水的滴管放在塑料瓶的水中，拧紧瓶盖，这时，因为已调好滴管在水中沉浮的位置，滴管便浮在水的上面。

三、使用方法

用双手紧握塑料瓶，用力挤压瓶壁，由于瓶内压强增大，水便挤入滴管中，滴管由于重量增大，便会下沉（如图 39）。待双手松开，瓶内压强恢复原状，水从滴管内跑出，滴管重量减小，便又浮在水面。这样重复多次，沉沉浮浮，借以证明物体重量与浮力的关系。

四十　阿基米德原理演示器

一、材料

易拉罐、8 号铅丝、弹簧秤、铁皮。

二、制法

1. 制溢流杯：将塑料杯距上口 3 厘米处开一个直径 0.7—0.8 厘米的圆孔，把一段废蘸水塑料钢笔杆制成图 40a 形状的溢流杯嘴，塞入易拉罐口的圆孔内，用 502 胶粘牢。

溢流杯的排水管的做法是：把空心塑料笔杆的尖端去掉，再在图 40A 点处用钢锯条锯一个三角开口。用蜡烘烤三角开口处，待笔杆烤软后折曲笔杆，这时笔杆由于软化即可粘成图 40a 的样子。

2. 照图 40b 用铁片制一个和易拉罐外壁大小合适的环，并在二等分处各焊上一个小轴。

3. 照图做一个溢流杯架。溢流杯架的半环要大于溢流杯上的铁环，以便上举时，使杯始终保持竖直状态。

照图 40 把溢流杯、盛水杯、弹簧秤、钩码装配好，阿基米德原理演示器便做完了。

三、使用方法

往溢流杯里注水，使水从溢流杯嘴中将要流出为止。看清两个弹簧秤的示数，按下

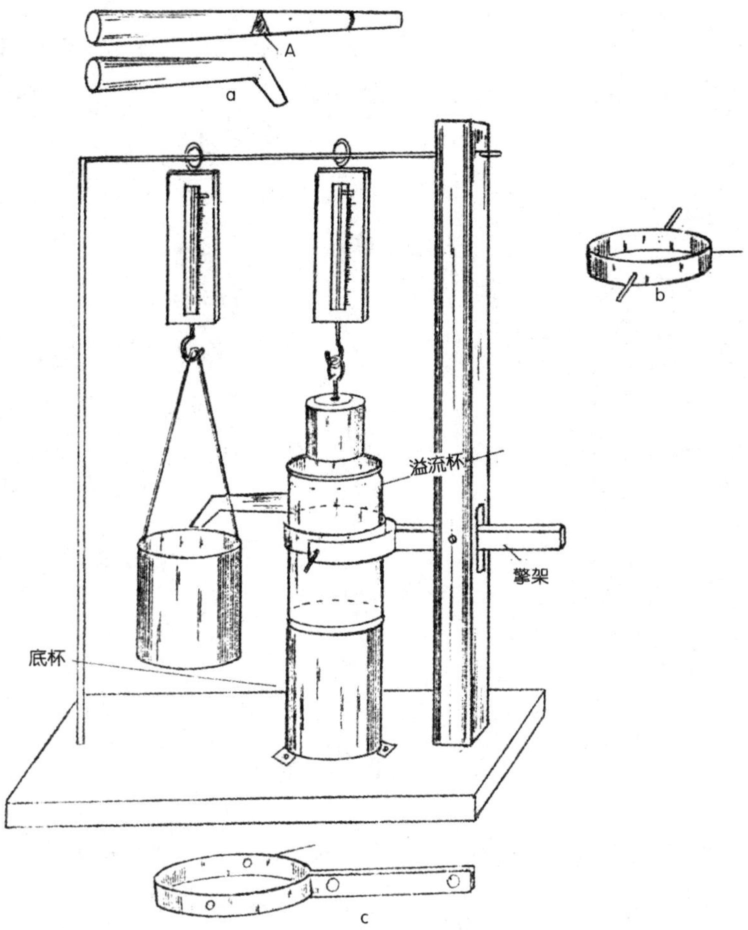

图 40

溢流杯的杯柄，溢流杯上升，钩码浸入水中后，水从溢流杯口排出流到盛水杯里，盛水杯的弹簧秤重量便会增加。由于水有浮力，溢流杯的弹簧秤示数减少。增加的示数和减少的示数一样，借以说明物体的浮力等于物体排出水的重量。

四十一　水反冲器（一）

一、材料

易拉罐、圆珠笔芯、棉线、铁丝。

二、制法

1. 制喷嘴：取三段长 5 厘米的圆珠笔芯，一端用细锉稍稍锉光，放在烛焰旁边烘烤，边烤边弯成 L 形的喷嘴，待成型后立即放入冷水中定型。

2. 把易拉罐底部边缘均等份扎出 3 个小孔，孔略小于圆珠笔芯喷嘴直径，然后将

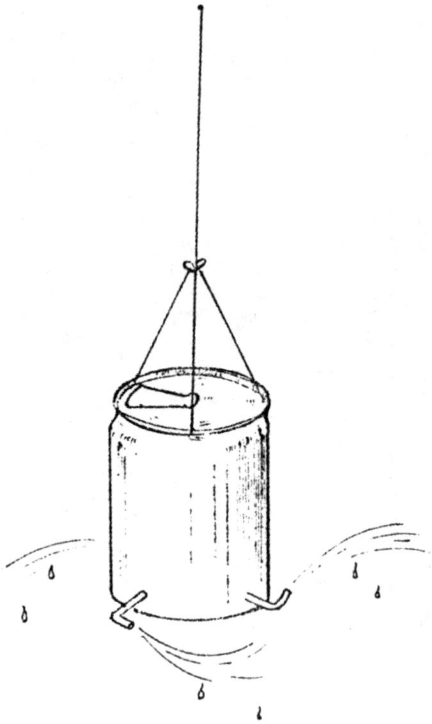

图 41

喷嘴锉去的一端强行塞入小孔内，涂上 502 胶水粘牢。

3. 在易拉罐顶部边缘均等份扎出 3 个直径 0.2 厘米的小孔，用 3 条棉线像图 41 那样把易拉罐吊起来。这样，水反冲器（一）就做完了。

三、使用方法

在易拉罐内贮上水，让水从喷嘴喷出，由于反作用力的缘故，反冲器便徐徐旋转。为了不使水溢满地，实验时下面最好放一个生日蛋糕盒。

如果安装一个门形支架，用以悬吊反冲器，则使用更为方便。

四十二　水反冲器（二）

前一个水反冲器具有结构简单、制作容易等特点，但由于压力过小，故旋转较慢，效果不够明显。现介绍另一种水反冲器，可避免以上不足之处。

一、材料

易拉罐、自行车辐条、8 号铅丝、薄铁皮。

二、制法

1. 把一个易拉罐底部开一个较大的口；另取一个易拉罐，在底部钻一个直径 0.1 厘米的小孔。两个罐上下对合在一起，用 914 或 502 胶水粘牢。

2. 把一根自行车辐条去掉弯曲部分后锉光，从上端穿过两个罐，辐条从下边罐底部穿出 2 毫米后，套上一段细圆珠笔芯杆顶住罐底，用 914 或 502 胶水粘牢。将露在上边三角开口处的自行车辐条，套上一个锉掉顶帽的按扣儿，紧紧卡在三角形开口中部，也用 914 或 502 胶水粘牢。

3. 用圆珠笔芯做 3 个喷嘴装在筒底，方法同水的反冲器（一）。

用 8 号铅丝弯成门形支架，将门形支架横梁中间部分用锤砸扁，打一个直径 0.2 厘米的小孔后，再把门形架的立柱焊在大罐头盒底做的水槽沿上，罐头盒底部中心用钝器打一凹坑，把反冲器装入支架，从开口处注上水，水从喷嘴喷出，反冲器便会高速旋转起来。

三、使用方法

大罐头盒做的盛水槽如嫌小，实验时可把反冲器放在塑料生日蛋糕盒内，以免水到处流淌。

如果用白铁皮自制一个直径 20 厘米、高 4 厘米的盛水器，使用起来就更为方便。

注：水反冲器（二）也可按照图 42 的方法用洗涤剂塑料瓶做，实验时把此反冲器放入塑料生日蛋糕盒里，以免水到处流。

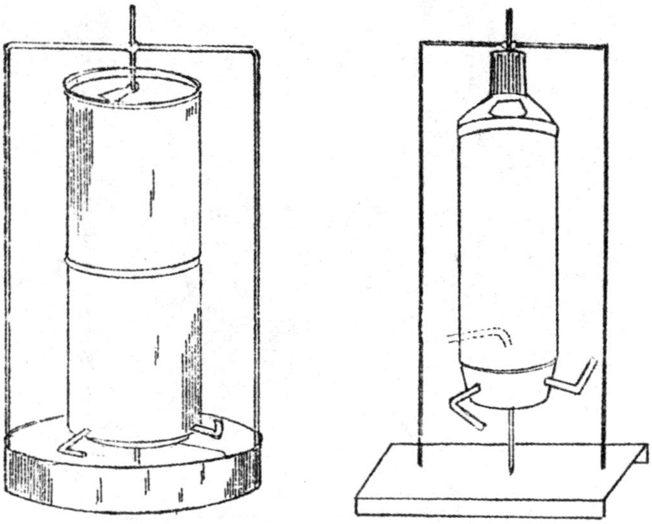

图 42

四十三　蒸汽反冲器（一）

一、材料

易拉罐、圆珠笔芯、粗铁丝、棉线。

二、制法

用薄铁片或细铁丝做两个卡子，卡在易拉罐体两端，在易拉罐靠近底部扎出直径小于 0.1 厘米的小孔。

将易拉罐原三角口处用锉锉成圆形，塞上合适的橡皮塞。为了减轻重量，橡皮塞应只取其和圆形开口处相应的 0.5—0.7 厘米厚。

用粗铁丝做一ㄱ形支架。在两个卡子上各系上一段细棉线，把易拉罐吊在支架上。（如图 43）

三、使用方法

往罐里注入少量的水，点燃酒精灯加热，待水沸腾后，水从喷嘴喷出，易拉罐便高速旋转起来。

注意事项：此教具由于重心不稳，转动起来有摆动现象，且棉线越绕越紧，故不能连续长时间实验。

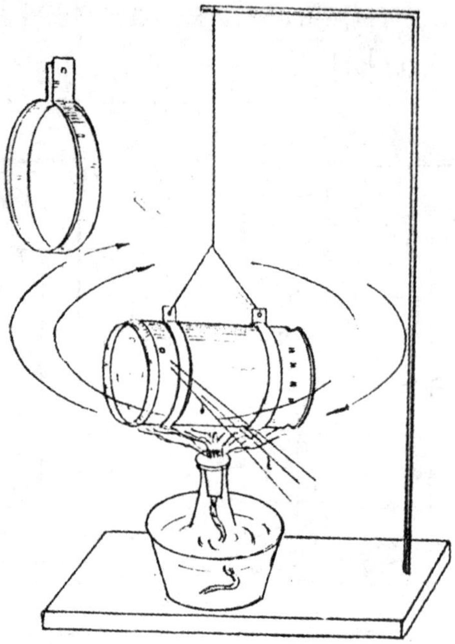

图 43

四十四 蒸汽反冲器（二）

一、材料

易拉罐、8 号铅丝、铁片、木板、M3 螺丝钉、914 胶。

二、制法

1. 制汽缸：将易拉罐原三角开口处扩成圆形，塞上合适的橡皮塞，为了减轻重量，橡皮塞只留下与圆孔相应的 0.7—0.8 厘米厚，其余的用快刀切掉，这样便制成了易拉罐汽缸。

剪一条宽1厘米、长 23 厘米的薄铁皮，照图 44 弯成环形，并在环底部打一个直径 0.3 厘米的小孔，把辐条帽从环内强行塞入孔中露出环外，辐条帽上拧一段长 5 厘米并有一端锉尖的辐条（如图 44c），用环把汽缸中部卡好。在易拉罐靠近底部的一侧用大针扎一个直径 0.05 厘米的小孔做喷嘴，小口要尽量上移，以免水从喷嘴流出。

2. 制支架：参照图 44 用 8 号铅丝弯成门形支架，支架横梁中部砸扁，中心钻一个直径 0.2 厘米的小孔，竖柱扎入木制底座固定。（如图 44a）

用铁片如图所示弯成轴支撑架，支架中心用螺钉帽锤一凹坑，将轴支撑架用螺钉固定在门形支架竖柱上。（如图 44b）

三、使用方法

从注水口注水（不要注满），然后将注水口用橡皮塞塞紧，点燃酒精灯，待缸内水沸腾以后，蒸汽从喷气口中喷出，反冲器就会旋转起来。

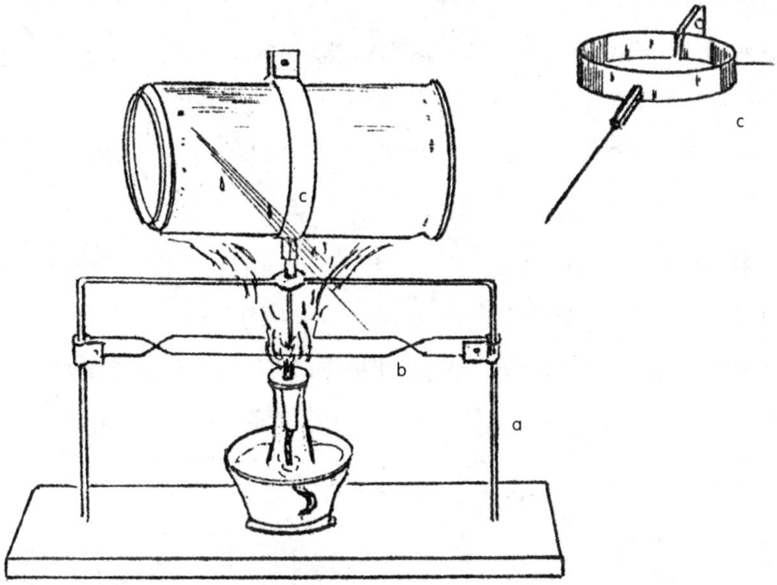

图 44

四十五　反冲小飞机

一、材料

马口铁圆形空罐头盒、自行车辐条、8 号铅丝、木板、铁皮。

二、制法

1. 制汽缸：将马口铁圆形空罐头盒洗刷干净，开启处用焊锡重新封闭，另在顶部边缘钻一个直径 0.5 厘米的小孔作为注水口。然后在盒底和盒盖的圆心处各钻一个直径 0.2 厘米的小孔，将 10 厘米的辐条垂直穿过上下孔，辐条露出底部 5 厘米左右并锉尖，用锡焊牢，再在罐头盒侧面与轴向垂直的相对位置各钻一个直径 0.5 厘米的小孔，小孔尽量靠近罐壁的顶部为宜。

取长16厘米、宽1.6厘米的马口铁两条，在8号铅丝上卷成筒状，两端锉成45° 角，接口封焊，再取高4.5厘米、下底1.6厘米、上底0.6厘米的梯形铁皮两块，卷成笔帽状，接口封焊，并将粗的一端锉成45° 角，将16厘米长管穿进罐头盒侧面的两个孔，用焊锡将管与盒焊牢，再将笔帽状喷头与管一端互为直角焊接。（如图45a）

用铁皮或厚纸板等材料制成两架小飞机（如图45b），将飞机分别焊或粘在笔帽形喷嘴上。

2. 制支架：参照图45用8号铅线弯成门形支架，支架横梁中部锤扁，中心钻一个直径0.2厘米的小孔，两端插入木制底座固定。

用铁片弯成轴支撑架，支架中心用螺钉帽锤一个凹坑（不能锤透），将支架用螺丝钉固定在门形支架上。（如图45c）

将汽缸轴通过门形架中心小孔，稳定于支撑架的凹坑上，酒精灯置于缸下。

三、使用方法

用注射器从汽缸注水口向缸内注入一定量的水（不要注满），然后用木塞把注水口塞紧，点燃酒精灯，待缸内水沸腾后，蒸汽就会从喷气门喷出。由于反冲力的作用，小飞机就会旋转起来。冬天启动时，小飞机尾部下面的喷嘴会拖出“白烟”。

注意：制作中一定要保持汽缸轴的垂直，切记不要烧干锅炉，以免损坏教具。

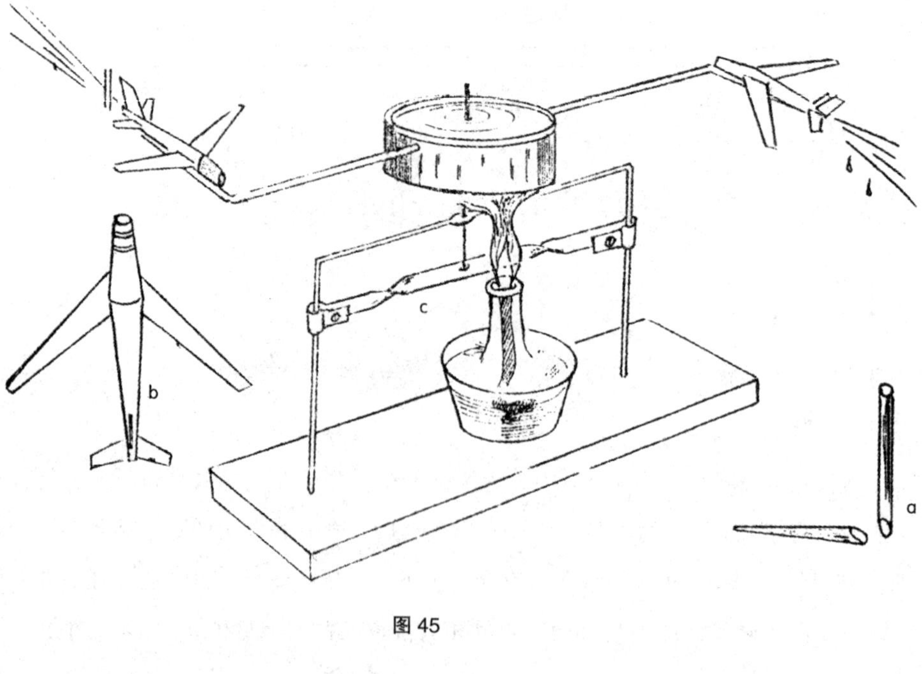

图45

四十六　蒸汽轮机

一、材料

易拉罐、薄铁片、圆珠笔芯、玻璃管。

二、制法

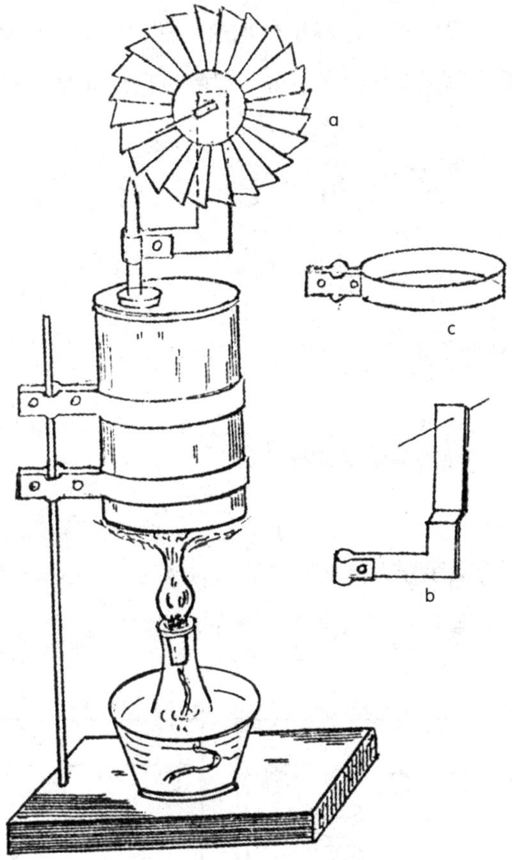

图 46

1. 制叶轮：用马口铁剪成直径 6 厘米的圆，等分 24 份后剪开，剪口距离圆心 1 厘米。把剪的每片都向相同方向扭曲 45°，制成叶轮。在叶轮正中打一个直径 0.2 厘米的小孔，焊上一个去掉芯珠的圆珠笔芯的铜头（圆珠笔芯铜头要用酒精灯烧过，或用酒精、汽油洗过，去掉笔油后才能使用）。（如图 46a）

2. 制叶轮支架：照图 46b 把马口铁剪成L形，在L形一端焊上一枚缝衣针（或大头针）做轮叶的轴，另一端做成环球，打好孔后用铁螺钉固定在一段长 14 厘米的玻璃管上，玻璃管一端用酒精灯加热拉成尖嘴状，另一端塞入一个大号橡胶塞中。

3. 制贮水槽：用马口铁制成两个卡环（如图 46c）卡住易拉罐，再把易拉罐卡在支架上，支架可用一段 8 号铅丝插在木板上做成。

把叶轮轴承穿在支架的缝衣针上，为了不使叶轮从轴体上滑出，可以在叶轮外侧的轴上（针上），套上一段 0.5 厘米长的塑料电线皮（去掉铜芯的塑料电线）。

三、使用方法

在易拉罐内注入少量的水，用酒精灯加热煮沸，待蒸汽从喷嘴急速喷出时，冲击叶轮做高速旋转。喷嘴要对正叶轮边缘部分，喷嘴口径约 0.05—0.08 厘米。

四十七 杠杆

一、材料

木板、羊眼、钩码。

二、制法

如图 47，详见水的浮力演示器制作步骤 1。

三、使用方法

本教具和水的浮力演示器大体相同，不同的是去掉举杯柄等物，在杠杆两端挂钩码。根据力 × 力臂 = 重 × 重臂的公式使杠杆保持平衡。

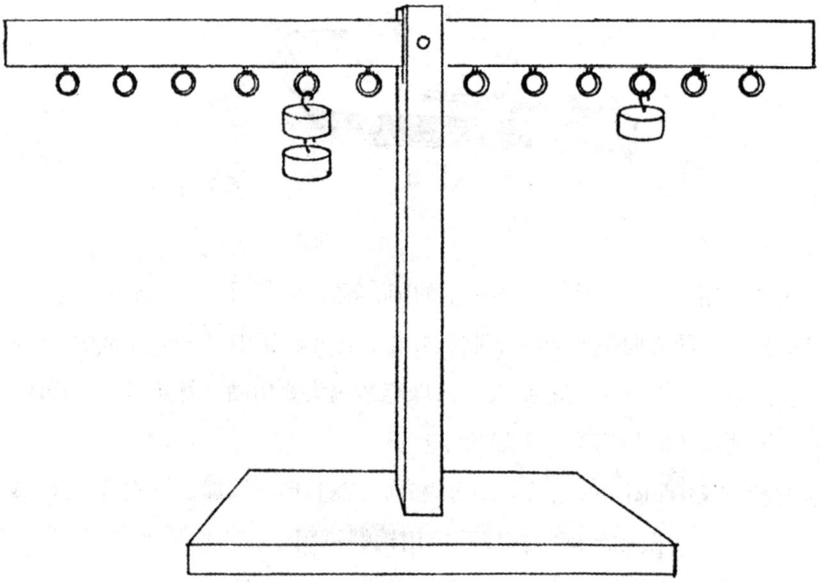

图 47

四十八　斜面

一、材料

木板、8号铅丝、铁皮合页、小钉、弹簧秤等。

二、制法

1. 取两块木板，一块长40厘米、宽9厘米、厚2厘米，另一块长20厘米、宽9厘米、厚2厘米。用合页、螺丝钉将两块木板连在一起，使其能活动自由，其中短的一块做底板，长的一块做斜面。

2. 用长21厘米的8号铅丝，在距离两端各3厘米处弯成90° 直角，成门形（如图48a），然后用铁皮做一个卡子（如图48b），照图48c把门形铁丝的一头卡在底板另一端，使门形铁丝能上下灵活转动。

3. 从斜面木板底边中线上距前端9厘米处开始，每隔5厘米，旋进一枚螺丝钉，螺丝钉要露出木板0.5厘米，见图48A点。

4. 照图48d用铁皮或木块做一个直径6厘米、高6厘米的圆柱体滚筒，用细铁丝做好提梁装在滚筒上，提梁挂在弹簧秤上。

三、使用方法

把滚筒挂在弹簧秤挂钩上，使其在斜面上滚动，记住弹簧秤示数，调整门型支架，变化斜面角度，这时可以看出弹簧秤示数不断改变，以此证明斜面对力的影响作用。

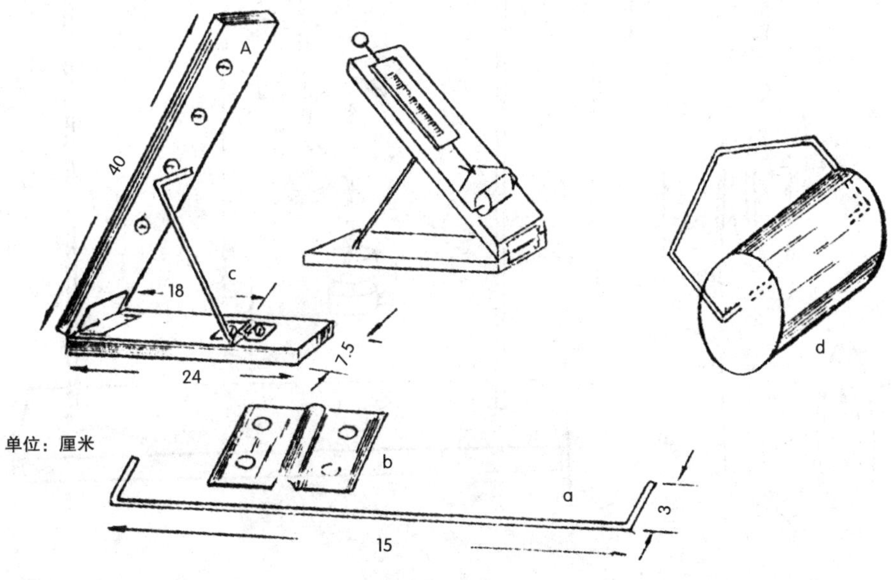

图48

四十九 滑轮

一、材料

易拉罐、8 号铅丝、木板、钩码、棉线。

二、制法

1. 将两个易拉罐都从底部 0.8 厘米处剪下罐底（如图 49b），然后用 502 胶水将易拉罐底对底粘牢（如图 49a），在两个黏合的易拉罐底部正中打一个直径 0.2 厘米的小孔，两个罐底的小孔一定要对正，防止旋转时摆动。用自行车辐条弯一个滑轮挂钩架（如图 49c），把滑轮装在挂钩上，照此共做两个滑轮以备应用。

2. 用长 112 厘米的 8 号铁丝，做成一个门型支架。

3. 把做好的滑轮，一个做定滑轮，固定在支架的横梁上，一个做动滑轮，用棉线绳系在支架上。

三、使用方法

在动滑轮的挂钩上系上 2 个钩码，而在穿过定滑轮的线绳系着的挂钩上挂上 1 个钩码，就可以保持钩码平衡（动滑轮的重量未计入），借以说明定滑轮和动滑轮的作用。

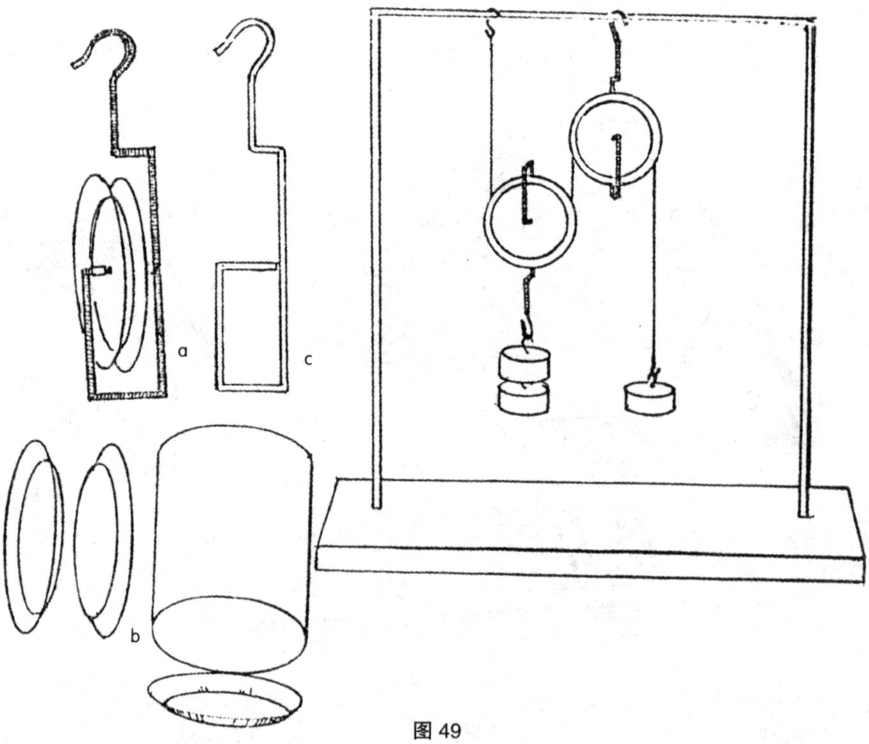

图 49

五十　轮轴

一、材料

废 1 号电池、易拉罐、8 号铅丝、木板、棉线、钩码。

二、制法

1. 取 1 号电池一个，清除掉内部电糊碳等物，再将电池体内部洗刷干净，在电池底部正中打一个直径 0.2 厘米小孔做轴承，电池筒上口边沿 0.2 厘米处向外砸成 90° ，以便加大黏合面积。取易拉罐一个，在原三角口处嵌上一个锉掉帽顶的按扣儿做轴承。为了防止按扣儿滑脱，可在三角一边剪一个细小三角形小角，折回卡住按扣儿，在易拉罐底部正中打一个直径大于 0.5 厘米的小孔，然后用 502 胶水将 1 号电池筒粘在易拉罐底上（注意一定要粘正）。取一段长 18 厘米的自行车辐条，穿过易拉罐三角口按扣儿做的轴承，再从另一端电池底轴承孔中穿出。为了防止易拉罐滑出，可在辐条两端套上细圆珠笔芯加以固定。

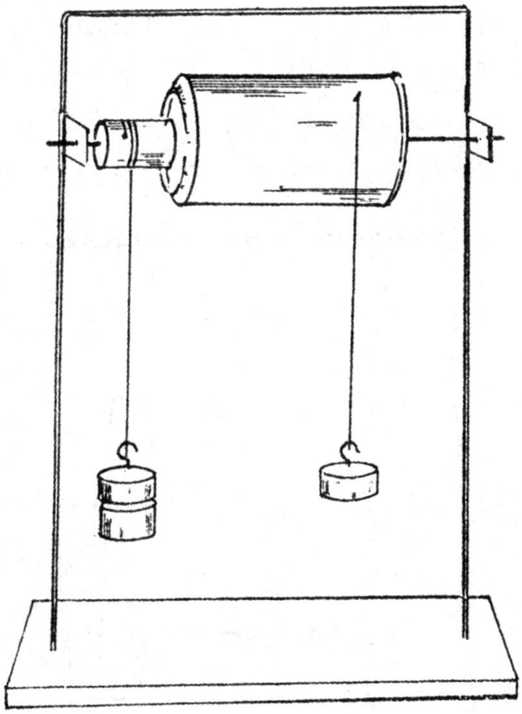

图 50

2. 取一根长 112 厘米的 8 号铅丝，照图弯成门形支架，在距上部横梁 8 厘米两边主柱上，各焊上一个用薄铁皮做的轴承。

3. 把轮轴架在支架上，在轮和轴上各系一根长 28 厘米的棉线绳，两条棉线的下端各系上一个用 8 号铅丝做的挂钩。轮和轴系绳的方法是在轮和轴适当部位打一个比火柴杆细的小孔，然后把绳的一端穿进孔中，再用火柴杆把绳挤进孔中，并用白乳胶粘牢。（如图 50）

三、使用方法

在轴上棉线绳的挂钩上，挂上两个或四个钩码，在轮的挂钩上只需挂一个或两个钩码，而轮轴仍保持平衡状态，借以证明轮轴的作用——省力。

五十一　滚摆

一、材料

易拉罐、自行车、辐条、8 号铅丝。

二、制法

在易拉罐底部正中打一个直径 0.2 厘米的小孔，在顶部原三角形口上嵌上一个锉掉帽顶的按扣儿。取一段长 22 厘米的自行车辐条，将辐条从易拉罐两个孔中穿过后，两端各套上一段圆珠笔芯把易拉罐卡紧，涂上 502 胶粘牢。

用 8 号铅丝做成门形支架，支架高 52 厘米、宽 25 厘米。用细线把易拉罐吊在支架上。（如图 51）

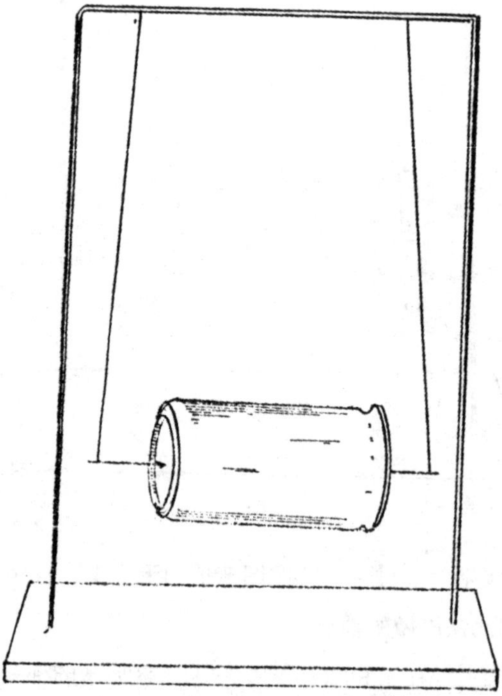

图 51

三、使用方法

手持轴的两端，向上卷起悬吊易拉罐的细线，并注意保持两端平衡，待卷到高处时，松开手，滚摆迅速下降，由于惯性缘故，滚摆可长时间上下滚个不停。两条滚摆的线要像图那样略成梯形，以免乱绕影响滚摆的摆动效果。

五十二　机翼升力演示器（一）

一、材料

玩具电机、小型手电筒、吹塑纸、铁块等。

二、制法

1．将小手电筒前部灯罩去掉，用宽 2.5 厘米、长 6—7 厘米的电影胶片卷成筒（如图 52a），将 131 型玩具电机紧紧地和装有两节 5 号电池的小手电筒头部裹在一起，裹电机时，要注意使电机两个接线头中，一个能和电池正极相连，另一个和筒里开关铜片相连，电机外面再用胶粘纸把胶片紧紧缠住，使电机固定在小电筒上。

2．将小手电尾部打开，取出塔形弹簧，在底部中间打一个直径 0.4 厘米的小孔，用 M4 螺钉，把电筒尾端和一较重铁块（可用 60 型暖气片端盖）紧紧拧在一起，再把塔形弹簧（如图 52A）复位。

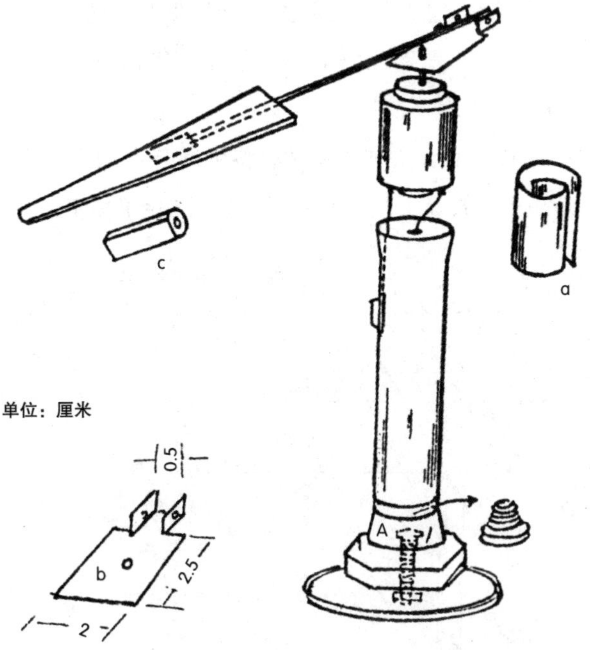

图 52

3. 照图 52b 做一个机翼支撑架，套在电机轴上用锡焊牢。

4. 剪一个长 15 厘米、一头宽 3.5 厘米、另一头宽 4.5 厘米的梯形吹塑纸片，吹塑纸片中间用白乳胶粘上一段长 1.5 厘米的毛笔管或竹管（如图 52c），管孔的直径 0.2—0.3 厘米。用轻木削一个长 16 厘米竹筷状木条，方的一端边长为 0.4 厘米，圆的一端直径为 0.2 厘米。把木条的圆头一端插入吹塑纸上的笔管里（要能够转动），方头一端钻一个直径 0.2 厘米小孔，用小钉架在机翼架上。

按图 52 把各部件安装好，装上电池后进行调试。

三、使用方法

把翼形吹塑纸调整到水平方位，启动开关，小电机带电机翼旋转，机翼沿水平方向转动。把翼扭成迎角（25°）后启动电门，机翼旋转后方即上升；把机翼扭曲 45°，机翼因受空气阻力加大，机翼缓慢转动，不起飞。

五十三　机翼升力演示器（二）

一、材料

铅丝、桐木板、直径 1 厘米的铁棍、铁片、木板等。

二、制法

1. 制机翼：将桐木板加工成长 10 厘米、宽 4 厘米、厚 0.7 厘米的机翼一个。在距机翼前缘 1.3 厘米处穿一个直径 0.2 厘米的通孔，通孔内穿入一段 110 毫米长的 12 号铅丝，铅丝应与机翼有一定阻尼，但不能松动。

2. 制平衡架：用 12 号铅丝焊成平衡架，将机翼上的 12 号铅丝焊在平衡架的一端，另一端焊一根长 10 厘米、直径 1 厘米的铁棍（如图 53a）做平衡物。

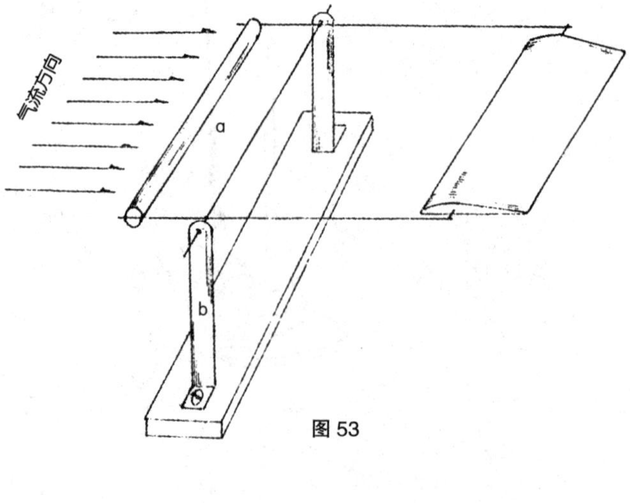

图 53

3．制支架：将长 15 厘米、厚 0.1 厘米的铁片按图 53b 所示，一端弯成直角，用螺丝钉拧在木板上。

4．组装：照图 53 把各部件组装好，至此，机翼演示器便做完了。

三、使用方法

将机翼演示器正对电风扇，开动电风扇后扭动机翼，调整机翼对风向的迎角，机翼即可随之升降。

有趣的是机翼能随着本身的升降自动调整机翼迎角，当迎角接近 0° 时，机翼即可自动停止升降。

五十四　自来风帆船

一、材料

易拉罐、蜡烛等。

二、制法

将易拉罐剪成图 54a 的形状，再照图 54b 的样子，把宽 2.5 厘米、高 11 厘米的窄条向下折 90° 。折回的窄条做两个 90° 对折后成尾舵，为了航行时小船能在洗脸盆中转弯，要把尾舵变成弧状。

把宽 4 厘米、高 4 厘米的帆板片向罐内方向折曲 45° 。（如图 54c）

三、使用方法

在小船中放上短蜡烛后，再放入洗脸盆，点燃蜡烛，冷热气流对流推动小船，使小船游动。

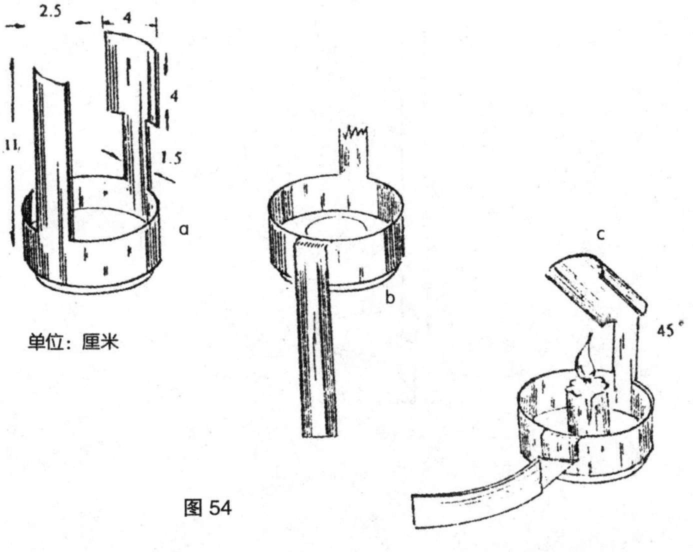

图 54

五十五　流体实验器（一）

A

一、材料

玻璃管、纸片。

二、制法

取一个外径 0.6 厘米、长 18 厘米的细玻璃管，在距离管的一端 2 厘米处，套上一片直径 4 厘米的圆形厚纸片，用白乳胶粘牢。另取一个直径 4 厘米的圆形厚纸片，中间打一个略大于玻璃管的圆孔，从另一端套在玻璃管上，以能转动为宜。（如图 55）

三、使用方法

把活动纸片与固定纸片调整到相距 2—3 厘米的距离，手持玻璃管把固定纸片垂直对准嘴，用力一吹，活动纸片不但不会被吹跑，反而向吹的相反方向和固定纸板靠拢而紧紧贴在一起。

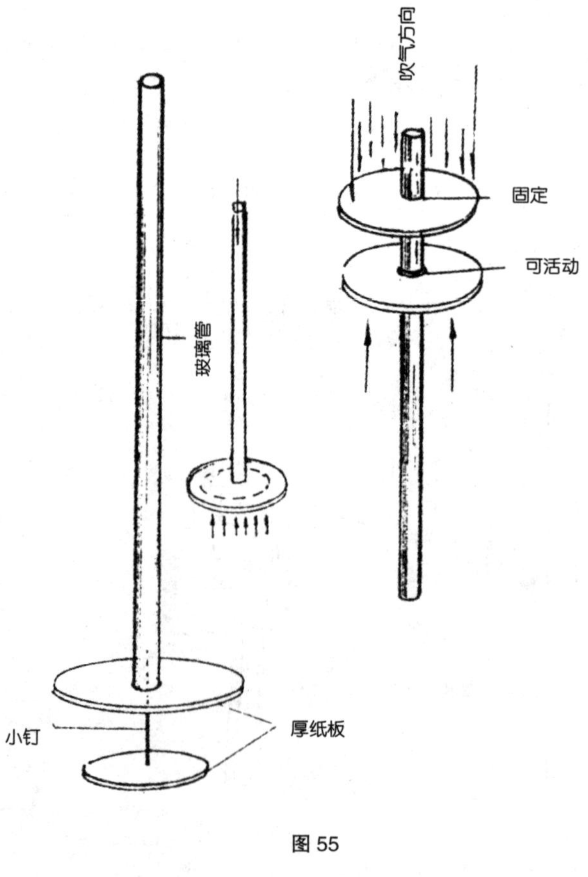

图 55

B

一、材料

玻璃管、厚纸板或薄木板。

二、制法

取一段外径 0.6 厘米、长 18 厘米的细玻璃管，管的一端顶部用白乳胶垂直固定一片边长 4.5 厘米的正方形三合板或厚纸片。另取一个直径 3 厘米的圆形厚纸板，纸板中心插一个小钉。

三、使用方法

把圆纸板上的小钉插入粘有圆形木板一端的玻璃管内，口含玻璃管的一端，朝下用力吹气，圆形纸片不仅不被吹跑，反而贴近方形木板。

五十六　流体实验器（二）

一、材料

装铅笔芯的长方形塑料小筒、纸条。

二、制法

将细铅笔芯筒帽从筒上拔下，切掉帽顶和筒底。截两条宽度与筒内径宽度一样、长为 12 厘米的图画纸，两条合并，插入筒帽后再踞出约 0.3 厘米长；再将露出筒帽的 0.3 厘米的纸条各向两边分开，将筒帽重新插入塑料筒上，卡住纸条。（如图 56）

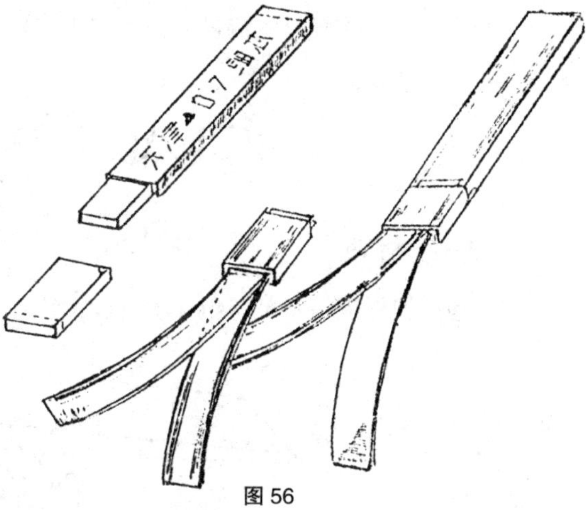

图 56

三、使用方法

口含塑料筒的一端，用力吹气，纸条不分开，反而紧紧贴在一起。

五十七　流体实验器（三）

一、材料

玻璃管、8 号铅丝、硬塑板。

二、制法

1. 取一段外径0.6厘米、长24厘米的细玻璃管，在距离一端4厘米处用酒精灯加热弯成L形。用8号铅丝弯成像图57形状的螺旋托套在玻璃管上，用白乳胶将其与管体粘牢。

2. 用力将厚3厘米左右的硬泡沫塑料削成方形，再逐渐加工成球形(用乒乓球也可)。

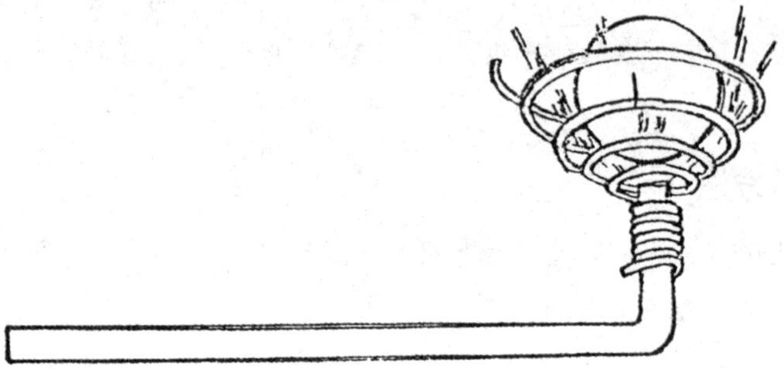

图57

三、使用方法

把泡沫塑料球放进螺旋托里，螺旋口朝上，口含玻璃管的另一端，用力吹气，塑料球便被吹起，但不跑掉，在螺旋托上方滚动打旋，颇为有趣。

注：如果吹气时气流过大，可将出气口加热拉细使出气减少。

五十八　流体实验器（四）

一、材料

泡沫塑料板、木条、粗保险丝、木块。

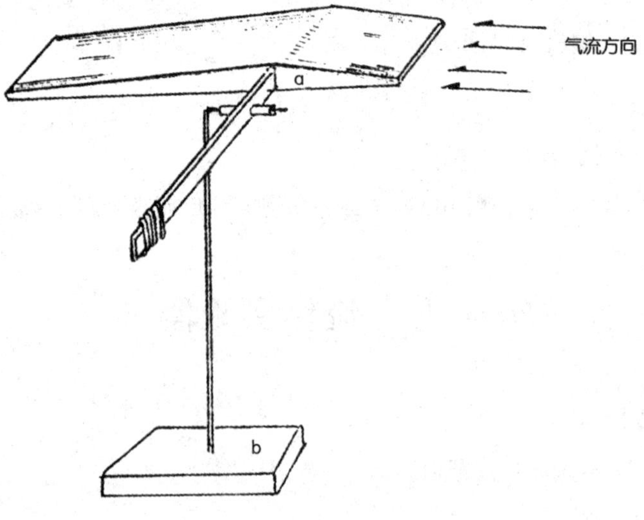

图58

二、制法

1. 取一块长 18 厘米、宽 10 厘米、厚 3 厘米泡沫塑料板，加工成机翼形状（如图 58a），在距离机翼状塑料板的侧面前缘 6 厘米处插入一段长 18 厘米、宽 1 厘米、厚 2 厘米的木条（木条插进约 3 厘米），在距翼板 3.5 厘米处的木板宽面上打一个直径 0.4 厘米的小孔，小孔里水平方向塞入一段长 2 厘米的粗圆珠笔芯做轴承，在木条的另一端缠绕 6—7 圈焊锡丝做配重，以保持两侧平衡。

2. 取自行车辐条一根去掉弯头后锉尖，另一端距头 5 厘米处弯成 L 形。然后把尖端插入一块长 10 厘米、宽 8 厘米的木板上做成支架。（如图 58b）

3. 把翼状塑板上的圆珠笔芯套在 L 形辐条支架上，调整配重焊锡丝的圈数或在木板上的位置，使其保持平衡。

三、使用方法

将嘴对正翼板前沿，用力吹气，翼的一端便倾斜向上。如果用电风扇正对翼板吹风，效果更好。

五十九　钩码

一、材料

135 胶卷盒、砂子或铁屑。

二、制法

1. 取 135 胶卷盒一个，从中部截开，只取下部 3 厘米高的一部分及盒盖。在盒底

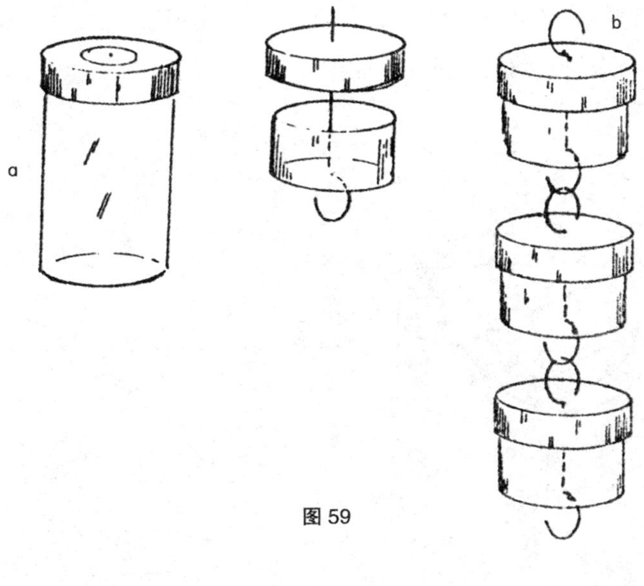

图 59

中心和盒盖中心各钻出一个直径 0.15 厘米的小孔。（如图 59a）

2．另取一段直径 0.05 厘米的细铁丝一段，先将其一端弯成钩形，让另一段从 135 胶卷盒底部中心孔穿进盒中，使弯出的钩形抵住孔口，在盒里填满沙子（25 克）或铁屑（50 克）。

3．将露出沙子的铁丝穿过盒盖中心孔，旋紧盒盖后，将露出盒盖的铁丝弯成钩形（图 59b），此钩应与盒底的钩形方向相反，这样不但美观，而且使用方便。至此，钩码完全制成。此钩码可根据需要制作多个。

三、使用方法

此钩码可使用于杠杆、滑轮等的演示中。

六十　喷气艇

一、材料

眼药瓶（或蜂王浆药瓶）、易拉罐、铁片、铁丝、蜡烛。

二、制法

取一个易拉罐，从上向下一分为二截开做艇主体。将眼药瓶大瓶口用软木塞重新塞紧，弯曲细铁丝做成药瓶的支架，底部直接插在船身上（如图 60），其高低以瓶下能放短蜡烛并能正常加热为准。将药瓶放置在瓶架上，使小口朝后。

用薄铁皮剪成船舵插在船尾下部（改变其角度），可影响船行方向。

三、使用方法

将水注入药瓶中，以水达到瓶内 1/3 容量为宜。用短蜡烛加热瓶中的水，待有蒸汽喷出后，将艇放于水面，汽艇则可高速行驶。

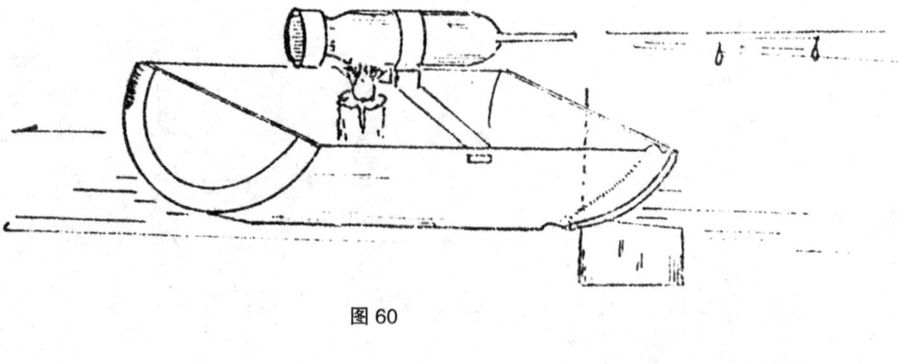

图 60

六十一　走马灯

一、材料

易拉罐、细铁丝、木棍、小木条（或秫秸秆）、纸、缝衣针。

二、制法

1. 制叶轮：将易拉罐从底部 8 厘米处剪掉，等分 16 份剪开，直至罐顶。把剪开的叶片向外掰 90°，再把每一叶片向同一方向扭曲 25°。（如图 61a）为了加固叶片的强度，可在每个叶片的边缘 0.5 厘米处，打一个直径 0.2 厘米的孔，穿入一段细铁丝，铁丝接口处要拧死。

2. 取一段直径 0.8 厘米、长 28 厘米的圆木棍，距木棍一端 4 厘米处成十字形穿入两根长 24 厘米的铁丝。铁丝两端 3 厘米处向上折成 L 形，并在其上插入一段长 3 厘米、宽厚各 1 厘米的小木条，粘上诸如唐僧、孙悟空、沙僧、猪八戒等连环画。（如图 61b）

3. 在木棍两端各插入一根缝衣针，下端的针尖朝下，并露出 1 厘米。将木棍距离上端 3 厘米处用快刀划一沟槽，然后把它卡在叶轮中心（易拉罐顶部的开口处），用乳胶粘牢。

4. 用木条或秫秸秆做成长方体框架，并在整个后面、两侧和前面的阴影处以及前脸蒙上纸。（如图 61）

5. 把叶轮架在框架上。圆棍上端的缝衣针从 e 孔内穿出，下端架在 f 孔内。为了转动灵活，可在 f 孔处横梁中嵌入一块玻璃。（如图 61c）

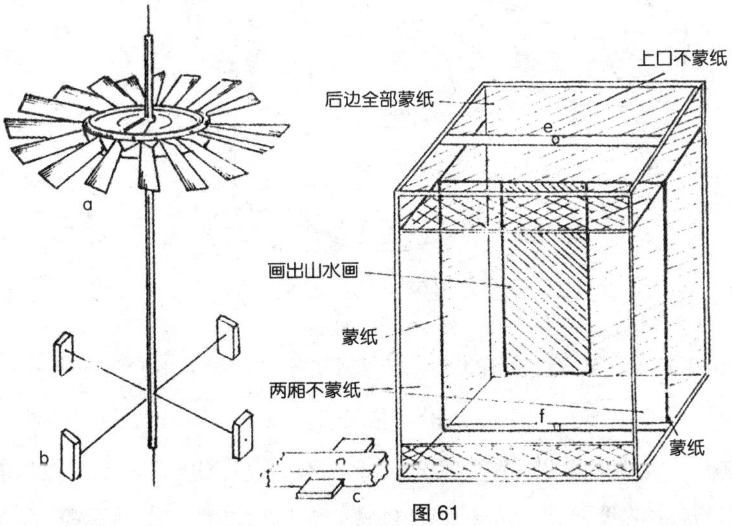

图 61

三、使用方法

将走马灯放在火炉或暖气上方，气流使叶轮旋转，连环画人物便循环出现。若灯的底部到十字铁丝的距离做得大，可点蜡烛驱动叶轮，更能增加喜庆气氛。

六十二　水的压力演示器

一、材料

铁片、玻璃管、有机玻璃或塑料橡皮膜、铁丝、塑料盒盖、细铜管。

二、制法

1. 取直径 5 厘米左右塑料盒盖一个，在盒盖的一侧打一个直径 0.25 厘米的小孔。孔内塞入一段弯成 L 形的细铜管，并用 914 胶粘牢（注意：安装铜管时，铜管上折一段应与盒盖上沿口持平）。（如图 62a）再在盒盖口上蒙扎上一块橡皮膜（或气球膜）。

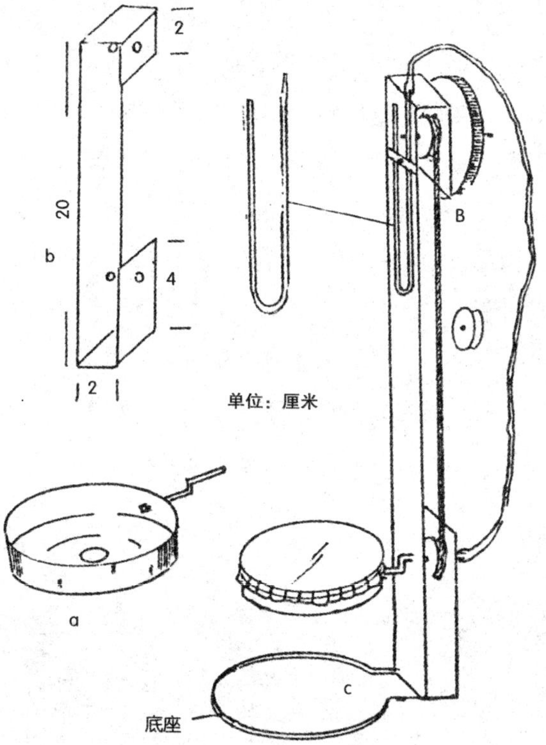

图 62

2. 取一块长 20 厘米、宽 35 厘米的薄铁皮弯成支架（如图 62b），支架上下两端各打一个直径 0.3 厘米的通孔备用，用 12 号铅丝弯成一个底座（如图 62c）焊在支架底部。

3. 用有机玻璃板（或塑料板）做两个直径 1.5 厘米的小滑轮和一个直径 4 厘米的大轮。

4. 用外径 0.4 厘米的玻璃管弯成 U 形管将管的一端用酒精灯加热后拉尖，以便能够套入气门芯。

5. 把各个零件按图 62 装好，并在铜管与 U 形管之间连上一段气门芯。

三、使用方法

在U形管内注入少量的红色水，把水的压力演示器放入水中。此时由于水压力压向橡皮膜，橡皮膜有气门芯与U形管相连，U形管的红色水便会压向另一侧。转动捻轮B，牵动水压计盒，使水压计盒上的膜向上、向下、向左、向右，此时就可看出U形管内的有色水升降情况。

此实验可以说明水的压力是向着四面八方的，而且由于水的深度不同，压力会有变化。如果在U形管一侧木板上画有刻度，则更能清晰地看出压力变化的情况。

六十三　模型蒸汽机

一、材料

5毫升注射器、铁片、气门芯、锥形烧瓶。

二、制法

取5毫升注射器一只，先在注射器距管口2/5的地方套上一个用薄铁片做的针管箍，当作轴，管箍一定要箍紧，固定管箍的长螺钉A点一定要用两个螺母旋紧，再用锡焊牢，再用马口铁和钢丝做的连杆和注射器柄相连固定焊牢（如图63b）。

2. 做针管支架：取0.5毫米厚铁皮按图63c的尺寸做针管支架，用螺丝钉固定在底座上，底座可用木板或0.5毫米厚铁片做成，尺寸见总安装图。同时将针管装在针管架上，使针管能灵活转动。

3. 做截止板：门形截止板尺寸如图63d，可用0.5毫米厚铁板剪成，并按总装图两个螺母牢固地固定在卡针管箍的螺杆上，门形截板因与针管同轴，因而可随针管转动，具体安装角度可在试车时调整，使其能达到通气、排气的目的。

4. 飞轮可用铅锡铸成，或到工厂用机床加工制成，飞轮固定最好有顶丝锁紧，防止打滑空转，飞轮具体尺寸见图63e。飞轮支架可用1—1.5毫米厚铁板弯成，尺寸见图63f。

5. 曲轴可用粗号自行车辐条按图63g尺寸在台钳上弯成，曲轴一定要做成同心的。

6. 蒸汽机锅炉可用37毫升锥形烧瓶代替；也可用缝纫机油壶代替。导气管可用自行车的气门芯，总装图的三通可用铁皮做成或用医药用的小三通。

所有部件制完后，就可以按总图安装，此时的总图正处于排气过程，飞轮将利用惯性将针管柄（活塞）推回，这时排气口正好打开，进气口正处于截止状态，废气将从排气口排走。

针管因有连杆与曲轴相连，所以在曲轴连同飞轮转动时，针管活塞不断反复运动，同时针管沿曲轴上倾下摆，因针管轴与门形截止片同轴。因而随之摆动，使其有时压住进气口，有时压住排气口，借以达到进气排气的目的。

三、使用方法

安装好后不要急于试车，应耐心调整截止板角度，使其达到最佳状态。试车时可先不点火（点酒精灯）通气，可先用嘴吹气或用自行车气筒打气试车，达到飞轮灵活飞快转动状态后，再通气把模型蒸汽机开动起来，此蒸汽机起动时有时有死点，必要时可用手助。

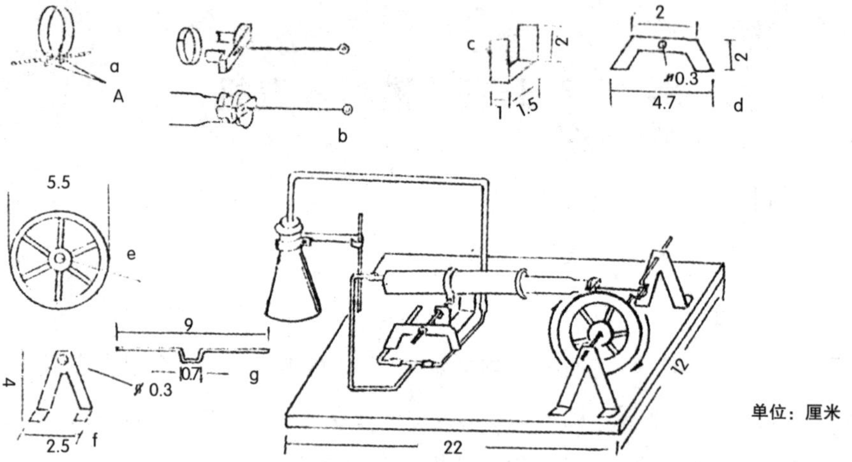

图 63

六十四　热胀冷缩演示器

一、材料

8 号铅丝、0.3—0.4 毫米漆包线、棉线、圆珠笔芯铜头、缝衣针、马口铁、木块、弹簧或橡皮筋。

二、制法

1. 把长 60 厘米铅丝在距上端 3.5 厘米处弯成 L 形，下端插入一块长 13 厘米、宽 8 厘米的长方形的木块，如此做成支架。

2. 把长 4.5 厘米、宽 2 厘米的长条马口铁弯成图 64a 的形状，并在 A 点处焊上一个大头针（或缝衣针）做轴，在轴上套上一个用废圆珠笔芯铜头做的滚筒。指针（如图 64b）可用马口铁剪成，指针短的一端最好缠有漆包线做配重，剪出的指针应尽量窄小，以减小指针重量，用焊锡（或用 502 胶粘）把指针焊（粘）在滚筒上。最后把指针支架用螺丝钉紧固在图 64 的 B 点。

3. 在支架上端系上一段长 34 厘米，直径 0.3 毫米的铜线，铜线另一端和长 15 厘米的一段棉线相连，棉线下端固定在底座上的弹簧（或橡皮筋）上，并把棉线在筒形指针的滚筒上沿顺时针方向绕转一周（如图 64c）。至此，热胀冷缩演示器就做完了。

三、使用方法

点燃火柴烤铜线（烤时要上下移动位置使铜线受热部分尽量长些），这时由于铜线受热膨胀延长，在弹簧（或橡皮筋）的拉力作用下带动指针滚筒转动，指针便做转大角度的转动（约 180° ）。熄灭火柴后，铜线因冷缩短，牵动指针立即复位。

铜线用过一段时间后容易熔断，要及时更换，注意不宜用酒精灯或蜡烛加热。平时应在滚筒与轴之间注入一些润滑油，可以减少摩擦，防止生锈。

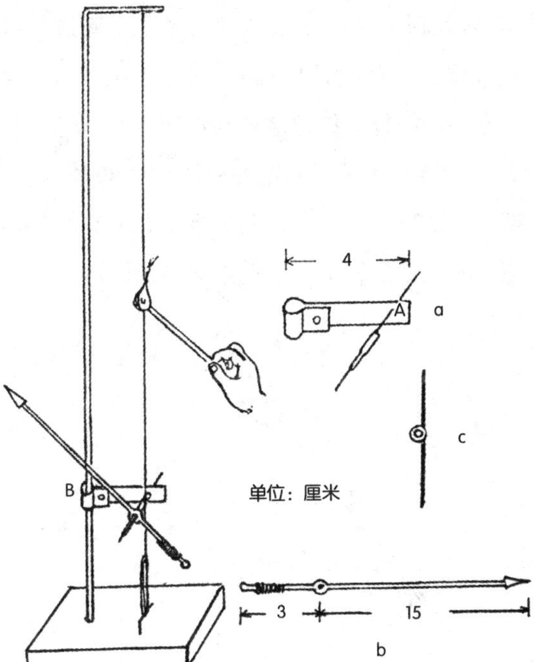

图 64

六十五　演示温度计模型

一、材料

10 毫升注射器、白铁皮、10 号铅丝、自行车辐条、玻璃管、自行车气门芯。

二、制法

1. 取 10 毫升注射器一只，在它的管壁中套上一个用薄铁片做的管箍（如图 65a），把注射器固定在一块长 24 厘米、宽 6.5 厘米、厚 1 厘米的长方形板上（或折成门形的白铁板上）。再按图 65b 用马口铁和钢丝（或辐条）做成连杆和注射器连柄，A

点和连杆相连处是活动的。

2．用厚0.5厘米的白铁皮按图65c的尺寸做成轴承，固定在底座上。在轴承上安装一个用10号铅丝（长12厘米）做的推拉杆。在推拉杆的B点焊上一个用薄铁片做的轴承，注射器柄连杆的一端就插在轴承孔里。左右摆动推拉杆，注射器活塞就在注射器里前后移动。为了增阻尼，可按图65d所示，用长7厘米、宽重1.5厘米的白铁皮做一个弧形锯齿状的阻尼器，使推拉杆具有一定的阻尼作用。

三、使用方法

把演示温度计的推拉杆向左推，使注射器活塞全部推进注射器里。把套在注射器嘴上的气门芯放在红色水里，向右拉动拉杆，这时红色水被吸进注射器，把气门芯从红色水里拿出，与细长玻璃管相连（为了便于连接，可把玻璃管的一端放在酒精灯上，加热后拉成尖状）。这时向左推动拉杆，红色液体在玻璃管里上升。左右推动拉杆，红色液体便在细长玻璃管中上升、下降，玻璃管固定在一块约长80厘米、宽10厘米的薄木板上，并在玻璃管旁画上温度计的度数，便能准确无误地标出新需要指示的温度。

用完温度计后，应及时把玻璃管里的红色液体排出、洗净，以免活塞和注射器管壁粘连。

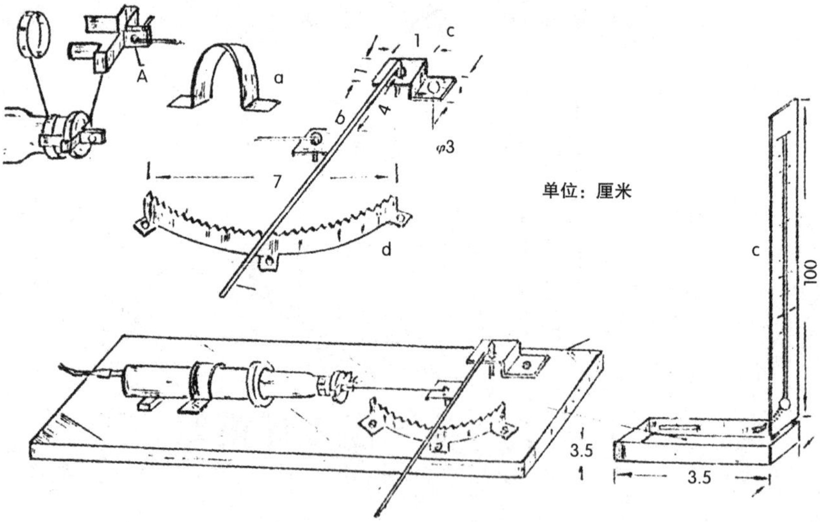

图65

六十六　教鞭操纵温度计模型

一、材料

10毫升注射器、131型玩具电机、减速齿轮、铁丝、薄铁板、气门芯、细玻璃管。

二、制法

1．取 10 毫升注射器一只，在注射器柄上照图 66a 的形状用马口铁做成注射器连柄，再在注射器管壁的中部套上一个用薄铁板片做的管箍（如图 66b），以把注射器固定在底座上（如图 66c）。

2．照图 66d 组装一套减速装置，减速装置的末级齿轮的中心轴攻有 3 毫米丝扣。轴中心的丝孔内旋入长 80 毫米带有 3 毫米丝扣的螺杆，螺杆的一端焊有导向片（如图 66B），导向片可在滑槽 C 里前后滑动；螺杆的另一端砸扁后打出一个直径 0.2 厘米的小孔，再把连杆 A 穿入孔中。减速箱壁上装有 131 型小电机做动力。

3．把减速箱装在底板上，安装时要做减速箱的螺杆和注射器在同一轴心线上，同连杆 A 与注射连柄相连，连杆可用自行车辐条弯成（如图 66h）。

4．为了使装在减速箱的小电机能够正逆转，可在木棍做成的教鞭上装上电机的正逆转开关。开关安装方法是：取一段长 35 厘米左右、直径 1 厘米的木棍，（为了使用方便，木棍右端削成锥形，如图 66g），在距木棍粗的一端 10 厘米处，每间隔 1.5 厘米卡上 3 个铜环，再按图 66d 的形状焊上按钮并连好线路。

5．取长 80 厘米、宽 10 厘米、厚 1.5 厘米的木板一块，木板涂上白漆并标有温度计刻度，距木板一端 10 厘米处打一片直径 0.6 厘米小孔，木板正中照图 65c 固定一根长约 80 厘米的玻璃管，玻璃管一端在酒精灯上加热拔尖。在距拔尖的一端 3 厘米处弯成 90° 直角，再从木板下部的圆孔穿过。穿过木板的玻璃管通过气门芯与注射器嘴相连。为了便于使用，标有刻度的木板最好和装有注射器的底座连在一起。

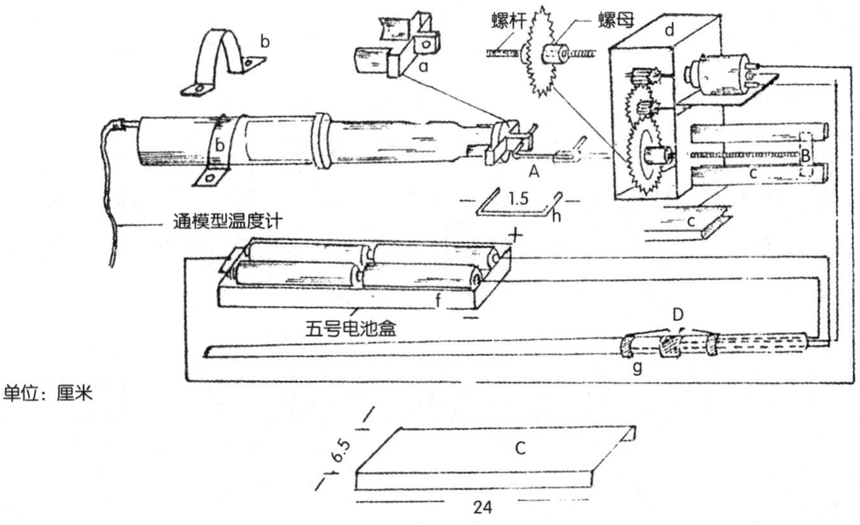

图 66

三、使用方法

分别按下教鞭杆上的两个按钮，小电机通电旋转后带动连杆使注射器柄推进拉出，注射器内贮有红色墨水，由于注射器嘴有气门芯和玻璃管相连，玻璃管中的红色液柱即能上升下降，借以讲明温度计度数的读法。

此演示器还可用在地理课上表明河流流向，在历史课上表明诸如长征路线图等。

六十七　保温散热演示器

一、材料

马口铁、烧杯、护肘。

二、制法

1. 取长 18 厘米、宽 8 厘米的马口铁皮一块，将其弯成圆筒状，并对接咬合。再取长 8 厘米、宽 2.2 厘米的马口铁条 24 块。每块自长边边缘量出 0.2 厘米，然后折曲成直角（如图 67a）。

2. 将筒状外壁等分 24 份后画线，按线分别把 24 块铁条折过的 0.2 厘米窄边焊在筒壁上，如此制成散热片。（如图 67）

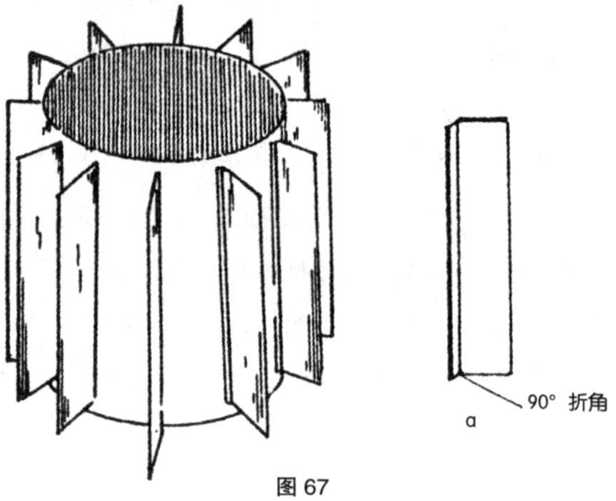

图 67

三、使用方法

取 3 只 150 毫升烧杯，第一只用焊好的散热片罩好，第二只用护肘套住，第三只什么也不套。往 3 只烧杯内注入 40℃—50℃的热水，约 10 分钟后，用温度计检查各个杯里的水温，结果则为：套入散热片的水温最低，套入护肘的水温度最高，而什么也不套的水温介于前两者之间。此实验说明保温和散热的有效性。

六十八　塑料热气球

一、材料

薄塑料地膜、细铁丝、脱脂棉、酒精。

二、制法

1. 取宽 1 米的双层塑料地膜 1.2—1.5 米，用 25 瓦电烙铁把其中三面烫牢（只留一处开门），并把四个角按图 68 烫好。烫时可用香烟盒内的铝箔，裁成 3 厘米宽，粘接成条状，箔面朝里、纸面朝外放在要烫的部位（起保护作用），用尺子压好，用电烙铁慢慢烫过（烫前可先在其他塑料上试烫，取得成功经验后再照样操作）。

2. 把烫好的薄膜四角多余处剪掉，开口处用竹篾做成的圆环撑起，在圆环上缠一细铁丝，铁丝要尽量缠松些，并在中间拧一小环点（如图 68A 点），以便套入酒精棉球。

三、使用方法

把棉球放入铁丝圆环内，用注射器往棉球内注射约 20 毫升酒精，两个人各持气球顶部的两角处，气球口朝下，点燃酒精，待球内空气受热膨胀后，由于热空气比冷空气轻，热气球便会缓缓上升。

待球内热空气渐渐冷却后，气球才会下降。这时棉球早已熄灭，所以不会酿成火灾。但放飞时一定要选在无风或小风时，不可麻痹大意。

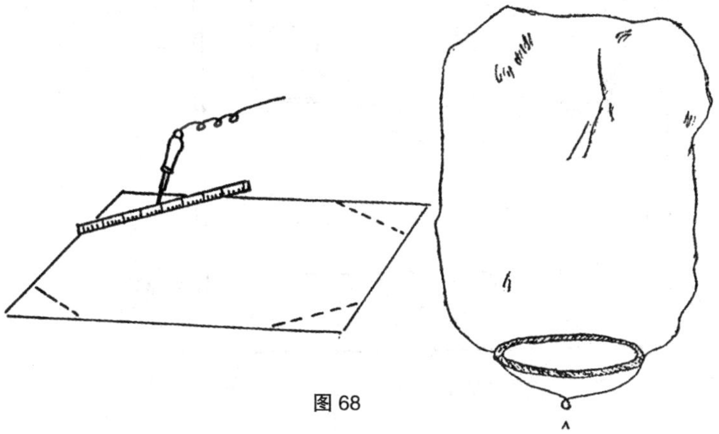

图 68

六十九　热空气比冷空气轻演示器

一、材料

棉线、易拉罐、木棍或自行车辐条。

二、制法

1. 将两个易拉罐顶去掉，底部中心各打一个直径 0.1 厘米的小孔，将两条各长 20 厘米的棉线一端打结后，各从两个易拉罐口内穿入，从底部小孔穿出呈铃铛状。

2. 将一段长 80 厘米的 8 号铁丝弯成门形，钉在一块长 24 厘米、宽 9 厘米的木板上做成支架，支架中梁上用棉线系一段长 18 厘米的自行车辐条，然后照图 69 把两个易拉罐系在自行车辐条两端，调整后使辐条杠杆保持平衡。

三、使用方法

划着火柴或点燃蜡烛后，迅速移近其中一个吊放的易拉罐口底，此易拉罐内的空气受热变轻，即见辐条杠杆失去平衡，借以说明热空气比冷空气轻。

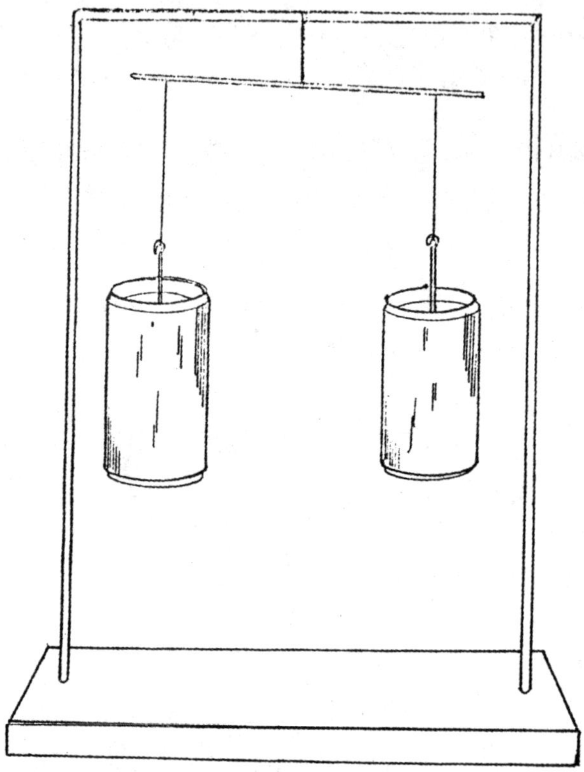

图 69

七十　摩擦起电盒

一、材料

木板、有机玻璃板或玻璃板、五色碎纸屑、丝绸。

二、制法

1. 用厚 1 厘米的薄木板做一个长 15 厘米、宽 12 厘米、高 3 厘米的长方形盒子（无盖儿），在盒内的两侧距上缘 0.5 厘米处，刨出深 0.5 厘米、宽 0.3 厘米的沟槽，两沟槽间插入一块有机玻璃板或玻璃板。

2. 用五色纸剪出一些碎纸屑放入盒内。

三、使用方法

拿一块丝绸摩擦有机玻璃板或玻璃板，继之可以看到碎纸屑被轻轻吸在有机玻璃板上，拉出有机玻璃，刮掉碎纸屑，重新摩擦，这样可以反复多次，证明两种物体摩擦就会带电，而带电物体会吸引轻小物体。

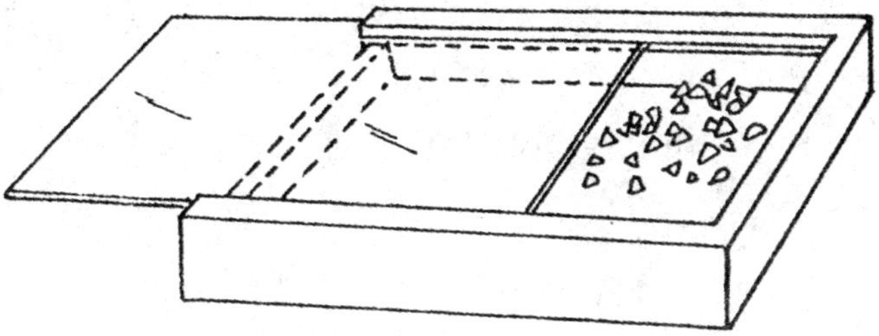

图 70

七十一　简易验电器

一、材料

锥形烧瓶、18 号铁丝、铝箔、橡胶塞。

二、制法

1. 用 18 号铁丝照图 71a 制成验电器支架，并使支架下端的两个三角处挂上两条铝

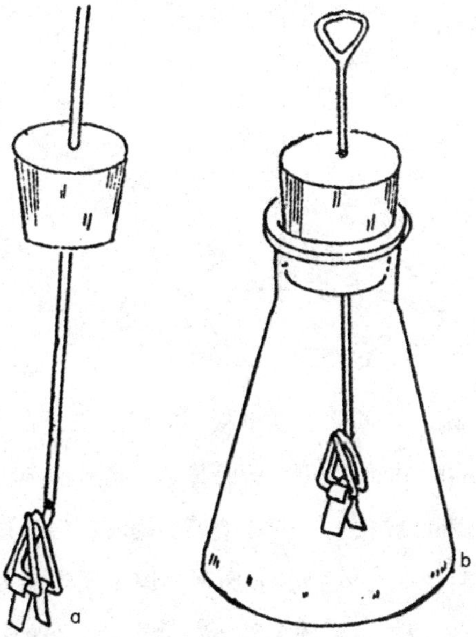

图 71

箔，支架上端穿过一个橡皮塞后弯成环形，为了使验电器更加灵敏，环形口闭合处和支架下面三角形闭合处都要用锡焊死。

2. 取一个 150 毫米锥形烧瓶，把支架上的铝箔塞入锥形烧瓶中，与支架相连的橡皮塞则塞紧烧瓶口。至此，简易验电器就完成了。（如图 71b）

三、使用方法

把用丝绸摩擦过的玻璃棒，或用毛皮摩擦过的橡皮棒等带电体去接近验电器的铁环，这时可以看到烧瓶中挂在三角处的铝箔向两边八字形张开。如果用与手指摩擦后的塑料薄膜去接触验电器的铁环，则两块铝箔张开的角度更大，因为塑料薄膜最易带电，而且带的电荷较多。

七十二　静电性质演示器

一、材料

塑料电线槽板、木板、缝衣针、塑料袋、玻璃条等。

二、制法

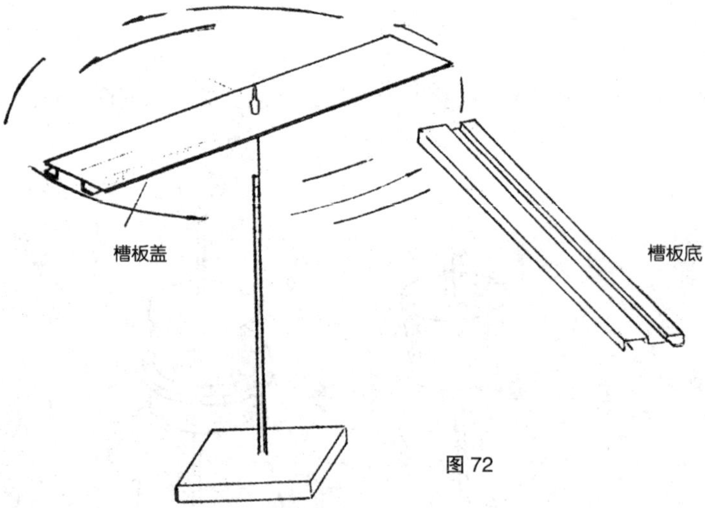

图 72

1. 取塑料电线槽板 30 厘米，从槽板中拉出上盖，在上盖的正中部位，钻一个比圆珠芯铜头直径略小的孔，把圆珠笔芯强行塞入小孔中做轴承。为了坚固，可以在笔珠铜头与孔间点上一点儿 502 胶粘牢。圆珠笔芯要用酒精灯烧过，去掉笔油。

2. 把一枚缝衣针插入一块边长 6 厘米、厚 1 厘米的方形松木板上（其他软木板也可以），插时可用克丝钳夹紧针眼上部，把缝衣针针眼的一端对正正方形木板中心，用锤子用力下砸钳嘴，针就可以插入木板。如果像图 72 那样把针焊在一段长 10 厘米左右的自行车辐条上，再把辐条插入木板，演示效果更好。

3. 把塑料电线槽板上的圆珠笔芯轴承架在支架的针尖上，这时面板盖便能在外力作用下灵活旋转。

三、使用方法

从支架上取下面板盖，用塑料袋等物摩擦带有静电后迅速放回原处；再用塑料袋摩擦塑料槽板底板，带有静电后迅速接近带电的槽板面板。这时，因为塑料物体经塑料袋摩擦后带电相同（同带相同的负电），接近后互相排斥，所以塑料面板便表现出被排斥而旋转。

用完静电性质演示器后，应把槽板插回底板槽中保存。

七十三　导体绝缘体检验板

一、材料

木板、铜螺丝钉（铁的亦可，但易生锈）、铜线、铜片、铁片、锌片、焊锡条、粗保险丝、木条、玻璃条、橡胶条、塑料条、有机玻璃条等。

二、制法

1. 取一块长 24 厘米、宽 16 厘米、厚 1 厘米的长方形木块刨平磨光涂漆，按图 73 各圆点的位置分别拧进铜螺丝钉。

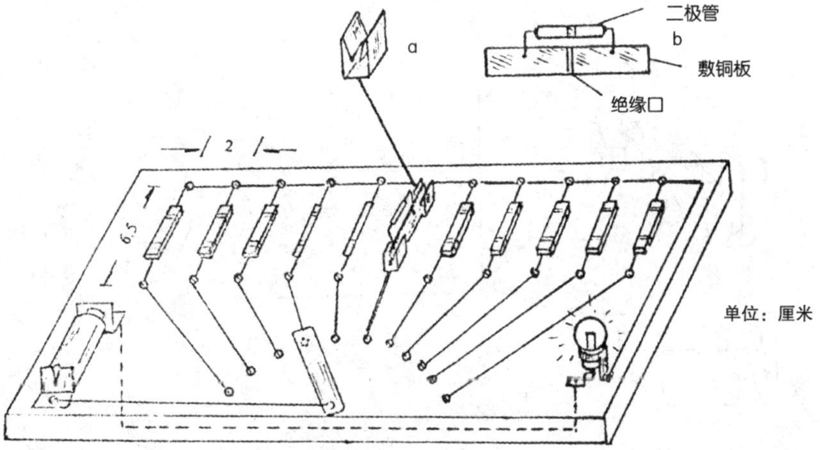

图 73

2. 把铜片、铁片、锌片、锡条、保险丝等导体和塑料片、木片、橡胶片、玻璃片、有机板等绝缘体各自做成长 4.5 厘米的条状，在这些物体的两端缠上直径 0.5 毫米粗的铜线（导体部分最好用焊锡焊牢），然后按导体、绝缘体顺序分别系在1—10排的铜螺丝钉上。

3. 将1—10排的螺钉分别与图73中环形的10个螺钉连好。在环形螺钉的中心点（半径5厘米），拧上一个能旋转且带弹性的铜片，铜片的一端用铜丝和电池相连，电池正极用铜丝连在灯座另一端。如图73a、b所示那样在检验板上装上一支二极管，则还可用作检验二极管单相导电作用。

三、使用方法

连好电池，旋转带弹性的铜片，使它先后与铜、铁、锡等物体相连，这时，小电珠发光，说明这些物体能导电（导体）。当弹性铜片先后与木头、玻璃、塑料等物体接触时，小电珠不发光，说明此类物体不导电（绝缘体）。

如果在导体、绝缘体中间位置如图装上两个铜卡子（可从旧插座拆下），把二极管以反正方向分别接触铜卡，这时小珠有时发光，有时不发光，此实验用以说明半导体二极和有单向导电的能力。

七十四　雷电演示器

一、材料

三合板、木板、大头针、导线、羊眼、橡皮筋、高压感应线圈。

二、制法

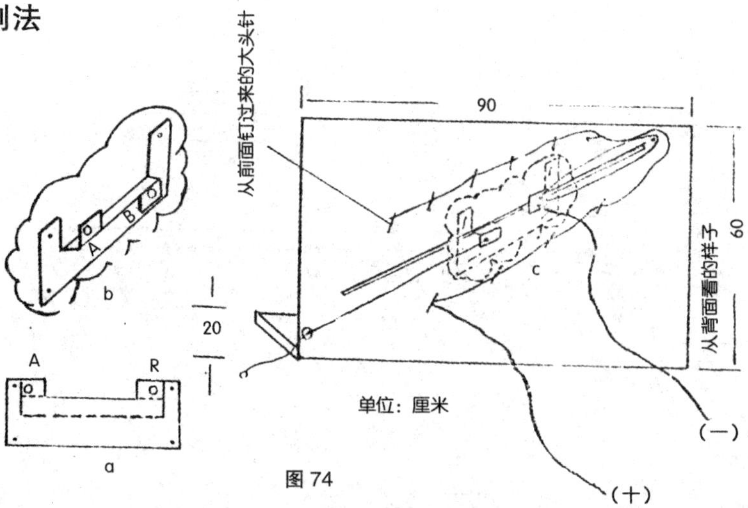

图74

1. 取长90厘米、宽60厘米的长方形三合板，在板面斜方向用梭弓锯锯出一条长70厘米、宽0.3厘米的窄长小口（狭槽），狭槽边缘要打磨光滑，再把三合板垂直钉在一块 90 厘米、宽 20 厘米、厚 2 厘米的长方形木板上。三合板狭槽两侧每隔 10 厘米（距狭口 3—4 厘米）钉上大头针数枚，大头针帽朝外，三合板正面画上蓝天、云朵、建筑物、大地、高大烟囱等景物。

2. 取一块 0.5 毫米厚的薄铁皮按图 74a 剪好后，用大头针钉在剪成云状的三合板上（如图 74b）。把铁皮折曲的部分插入带景物的三合板狭槽中后，把铁皮 A、B 两处分别向上下折 90°，这样云状三合板连同铁皮做的卡子便夹在狭槽里。卡时不可过紧，要能使云状三合板上的铁皮在狭缝上灵活左右活动。图 74c 是从背面看到的样子。

3. 把带景物的三合板后面折曲的大头针用导线一一串联后连接在高压感应线圈的正极一端，在活动云片的铁皮上，焊出一根导线连在高压线圈的负极，三合板后面云状铁片的一端孔上系上橡皮筋挂在三合板后面右上角钉的钉子上，另一端系上棉线绳从左下角的羊眼穿过，为了防止棉线滑出，在棉线的一端再系上一个铁环。

三、使用方法

把有景物的三合板背面连在大头针上的导线，和焊在活动云片的导线分别与高压感应线圈正负极相连，开启开关，拉动线绳，这时活动云片的铁皮就会和狭槽上下钉的大头针之间放电，噼噼啪啪，声如惊雷交电，并放出臭氧味儿。如果再配合模拟录音，效果更加逼真。

七十五　简单电路板

一、材料

小灯口、五号电池盒、小开关、导线、木板或塑料板。

二、制法

1. 取一块长 22 厘米、宽 16 厘米的长方形塑料板（或木板）。在距板的前缘 1 厘

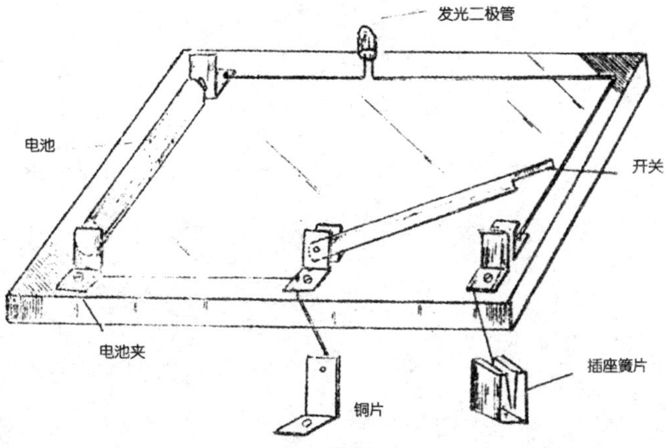

图 75

米的地方用 M3 螺钉固定一个小电珠螺口（或发光二极管），塑料板左边固定上五号电池盒（可自制），下边固定一个小开关（或单刃小铡）。

2. 分别用导线按图 75 把电池盒、电珠座、开关连好，这样简单电路板便做成了。

三、使用方法

在电池盒内装好 5 号电池，打开开关，小电珠发光；关闭开关，小电珠即熄灭。用以显示电流在导线、灯泡之间的通路和短路。

七十六　红、黄、绿灯演示板

一、材料

塑料板或薄木板、小灯口、电线、铜片、M3 螺钉、电池盒。

二、制法

1. 取一块长 22 厘米、宽 16 厘米的长方形塑料板或薄木板，在板的前缘正中 2 厘米的地方，每间隔 1.5 厘米，分别拧上 3 个小灯座，并分别安上红、黄、绿色的 3 个小灯泡，在塑料板左边边缘处固定一个 5 号电池盒。制作红、黄、绿灯，将普通手电筒用的小灯泡涂上红、黄、绿透明色就行了。

2. 剪长 6.5 厘米，宽 1 厘米的铜条一根，再剪长 1.5 厘米、宽 l 厘米的铜条 3 根，每根铜条一端距边缘 0.5 厘米处都打一个直径 0.3 厘米的小孔，另一端 0.5 厘米处都向上折曲成 45° 角。

3. 把长短不同的铜条分别拧在图 76 所示的地方，按图 76 选好导线。

三、使用方法

在电池盒内装上 5 号电池，拨动长铜片，使其分别和 3 个短铜片接触，这时红、黄、绿灯便会分别点亮。

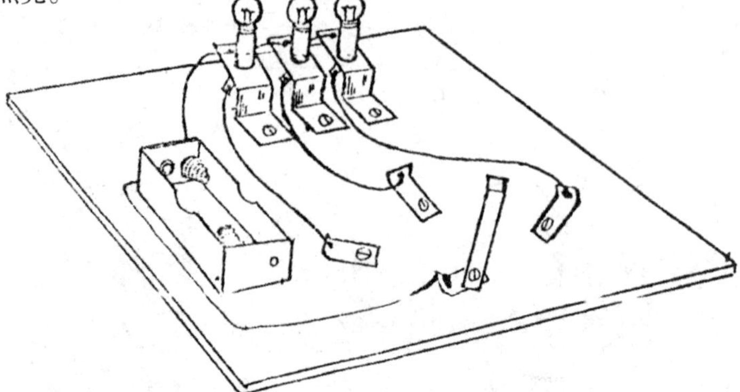

图 76

七十七 指南针

一、材料

按扣儿、缝衣针、硬泡沫塑料或大橡胶塞。

二、制法

1. 在按扣儿子扣的四个缝衣线孔内，每两个孔中插入一枚缝衣针，为了使针容易插入，扣子的边缘应用尖嘴钳向下稍稍弯曲，弯曲部分不能过大，以免缝衣针从子扣孔中滑出，同时针尖部分稍长于针眼部分，这样指南针做好后才能保持平衡。手持插好的缝衣针把针尖或针眼在磁铁的一个磁极向一个方向摩擦几下，这时缝衣针便会被磁化，这样指南针便做成了。如果磁化后缝衣针极性不对（针眼指南）可以重新摩擦以调换磁极。

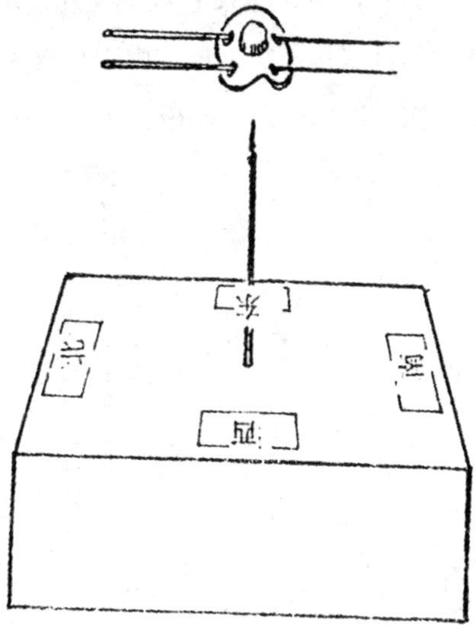

图 77

2. 把边长 4 厘米、厚 2 厘米的长方体硬泡沫塑料中部，插上一枚大一点儿的缝衣针，并在塑料块上标上东、南、西、北 4 个方向，用大橡胶塞做底座也可。

三、使用方法

把指南针放在较平的地方，指南针的一端（尖端）便会指南，这时把带有标记的支架“南”字应扭向南方。

指南针用过一段时间磁性会慢慢消失，可用磁铁重新磁化，这样指示方向才会准确。

七十八 磁性实验器

一、材料

18 号铅丝、缝衣针、棉线、木板。

二、制法

1. 把一段长 35 厘米的 16 号铅丝照图弯成 L 形，L 形的一端用尖嘴钳弯一个闭合小圆环；另一端插在一块木板上，这样便做成了支架。

2．把两枚磁化后的缝衣针分别系在一根长25厘米的线两端，从L字形小圆环中穿过，并把针线拉成长短相等。（如图78）

三、使用方法

在把缝衣针上的线拉成长短一样时，由于针眼针头磁极相同，在同极相斥的作用下，两个缝衣针便会呈八字形向两边分开，把其中一枚针往上提些，使一枚针的针尖和另一枚针的针眼接触。这样，由于异极相吸的道理，针尖和针眼便会吸在一起，这样重复演示几次，以证明磁铁同极相斥、异极相吸的道理。

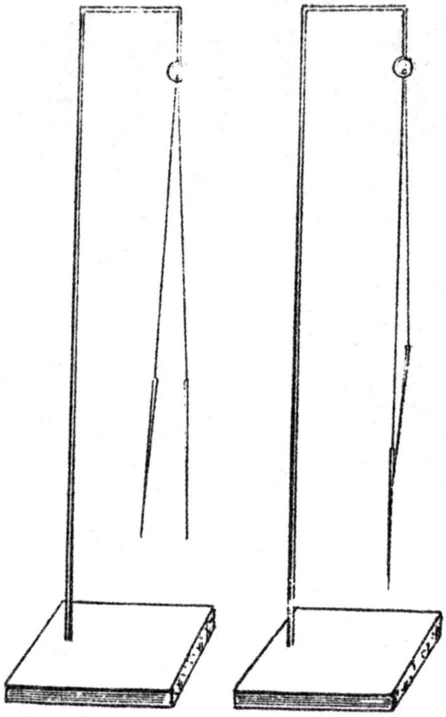

图78

七十九　磁场演示器

一、材料

18号铅丝、磁铁、纸、回形针、棉线、木板。

二、制法

1．取一段长72厘米的8号铅丝，在距铅丝两端各6厘米的地方弯成90° 直角，成门形。（如图79d）

2. 取边长 5 厘米的正方形白铁皮两块，在台钳口上砸出两个几字形卡子，将其中一个卡子距边缘 0.5 厘米处打 4 个直径 0.3 厘米的小孔（如图 79a）用以固定门形铁丝用，另一个作为吸附磁铁用。

3. 取一块长 25 厘米、宽 9 厘米、厚 2 厘米的长方形木板，用砂纸打磨光滑后涂上漆。用自己打好孔的卡子把门形铁丝短的一头拧紧在木板的一端，铁丝另一头卡上另一个卡子，用 502 胶液粘牢。（如图 79b）

4. 用薄纸剪两个纸蝴蝶，再将两个蝴蝶对合夹住一个用铁丝或环形针做的蝶须，然后用白乳胶把蝶须贴在两个纸蝶中间，粘前要在蝶须的下端系上一条长约 58 厘米的棉线备用。

5. 为了使门形铁丝长杆能在卡子和木板之间活动，且能调到任何角度立稳，可做个半圆环状阻尼器（如图 79c），紧紧夹住长杆底部。

6. 在门形长杆上端的铁板上吸住一块磁性较强的磁铁，再把纸蝶的线系在木座上，调整线的长短，使纸蝶的须能被磁铁附近磁场吸住而又不被吸到磁铁上为宜。

三、使用方法

铁丝做的纸蝶须被磁场在一定距离内吸引，纸蝶悬浮在空中，好像一只彩蝶在空中飞舞，前后摆动长杆，纸蝶在磁场的作用下也前后摆动，证明磁铁附近有强大磁场。

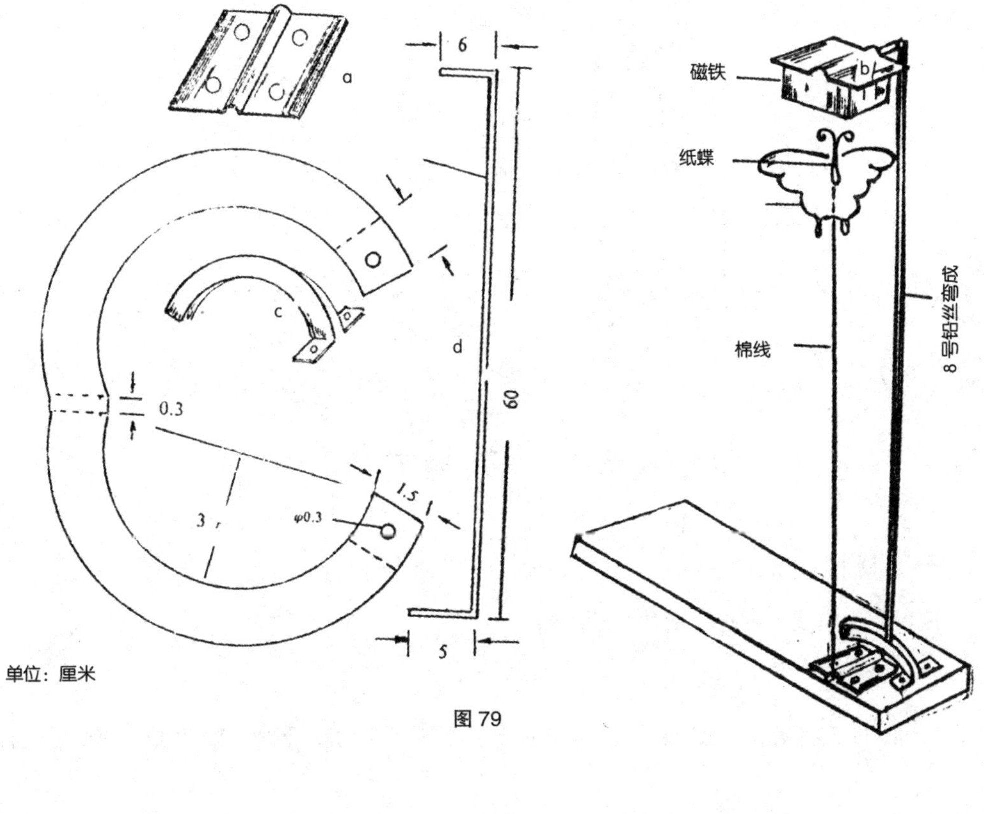

图 79

八十　蜂鸣器

一、材料

0.5 毫米粗的漆包线，M6 × 20 螺丝钉、铁皮、木板、导线。

二、制法

1．取 M6 × 20 螺丝钉一个，用 0.5 毫米粗的漆包线往上密绕 30—50 圈后，固定在一块长 15 厘米、宽 5 厘米、厚 1 厘米的长方形木板上。用白铁皮弯成 Z 形衔铁（如图 80a），固定在磁铁线圈的一侧，调整 Z 形铁片横片在磁铁上方的距离，使其保持 0.1—0.2 厘米左右。剪一个稍小的 Z 形铜片，并把 Z 形铜片横梁处的一端剪成尖形，使尖端紧和前面的 Z 形衔铁片相融。

2．在木板的一侧用铜片或铁片照图 80b 做一个按键，再在木板中部装上 5 号电池盒。

3．按总装图把线路连接好，这样电磁蜂鸣器就做成了。

三、使用方法

在电池盒里放好电池，按下电键，这时电源时断时续，电磁现象演示器（蜂鸣器）就会发出连续不断的嗡嗡的响声。

如果蜂鸣器工作不正常，可以适当调节衔铁和小 Z 形铜片的接触位置，直至正常工作为止。

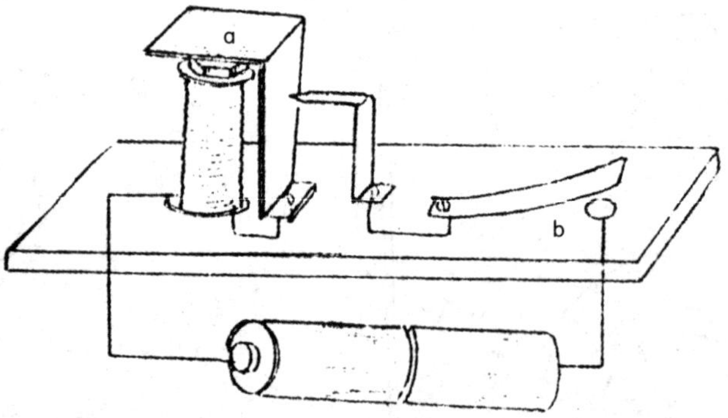

图 80

八十一　简易电机

一、材料

铁板、漆包线、木板、铜片、绝缘板。

二、制法

1．取 11.5 厘米长、1.2 厘米宽、0.3 厘米厚的铁板一条，照图 81a 弯成 U 形，并在

U 形上嵌上用绝缘板做成的线圈框架，制成定子铁芯。

2．取长 4.5 厘米、宽 1.2 厘米、厚 0.3 厘米的铁板一条，在铁板中心处打一直径 0.2 厘米的通孔，孔中插入一段长 5 厘米，一端锉尖的自行车辐条，并将其焊牢，再照图 81b 的形状做好线圈框架，制成转子铁芯。

3．按图 81c 的形状，做两个半圆铜环，再将两个半圆铜环卡在用毛笔管做成的 1 厘米的芯上（如图 81d），两个半圆环之间应相隔 0.1 厘米，用棉线缠住铜环两端（或用 502 胶水粘牢），制成整流子。

4．用薄铜片（如图 81e）做两支电刷，电刷应富有弹性。

5．按图 81f 的示意，在转子铁芯和定子铁芯上各缠上 4 层直径 0.3 毫米粗的漆包线，转子上缠的漆包线两端焊在两个铜片做成的整流子上，定子缠的漆包线一端与接线柱相连，另一端与一个电刷相连。

6．用长 18 厘米、宽 1 厘米、厚 0.2 厘米的铁片，做成轴承支架。

7．按总装图 81，将各个部件组装成电机。

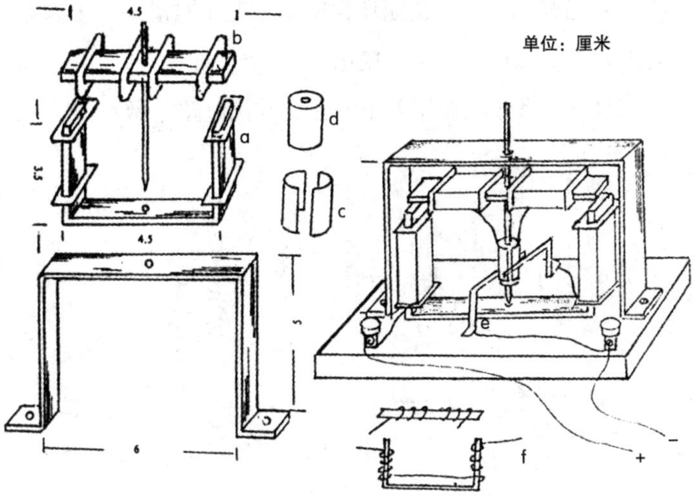

图 81

三、使用方法

以 3 伏电压输入电机，由于磁极同极相斥、异极相吸的道理，电机的转子就能绕轴高速旋转。

说明：由于该电机是二极转子，在某个方位会有死点，如遇此种情况，可用手助动。

八十二　会变光的灯泡

一、材料

铅笔、铜导线、电池、25 瓦灯泡、胶布少许。

二、制法

用小刀将铅笔竖直剖开，取带有铅笔芯的那一半作为电阻。

取一段铜导线在带芯的笔杆上绕两三圈，做成一个能在笔杆上滑动的小铜环，在笔杆另一端用小刀刻出小槽，将另一根导线在小槽中缠紧，这样便做成了一个简易的可变电阻器。

按照图 82 将灯泡、电阻、电池的一个极连在一起（方法是将灯泡、电池各连接点用小刀刮净，用胶布剥去皮的导线粘在各连接点），另一极暂不接通。

三、使用方法

接通电源后，可使铜环在铅笔芯上左右滑动。因为在滑动中改变了电路中的电阻，这时灯光的强弱就发生了变化。

注意：此项实验千万不要在 220 伏电路上做。

图 82

八十三　电动船

一、材料

易拉罐、131 型玩具电机、木板、铁皮。

二、制法

1. 沿易拉罐竖直方向将其一分为二均等剪开，为了使小船好看，其中一半留出小船篷（如图 83a）。

2. 把 131 型玩具电机后端盖打开，取出转子，取粗细和电机轴相同的自行车辐条 7—8 厘米长，换下电机轴。换轴方法是：将电机子没有整流器的一端，竖直放在小台钳的开口上，台钳开口要稍比电机轴的直径大些，用小锤沿竖直方向轻轻往下砸机轴，待机轴完全被砸进转子后，再小心用自行车辐条顶住轴眼中的机轴继续往下砸。这样，当原机轴被顶出后，新换的电机轴（即辐条）也就装在电机上了。

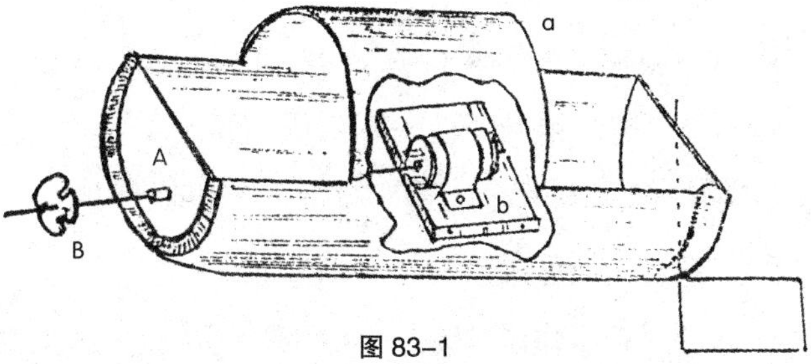

图 83–1

3. 用一块铁片照图 83b 的方法把电机固定在木板上，木板的形状是梯形，以便把电机倾斜装在小船里。

在小船尾端（图 83–1A 点）扎一个直径 0.3 厘米的小孔，塞上一段长 2—3 厘米的塑料管，用 502 胶水粘牢，管内涂上黄油，把电机轴从塑料管中穿出，电机拖板固定在船的中部，用小钉或大头针把电机的拖板钉在船壁上。

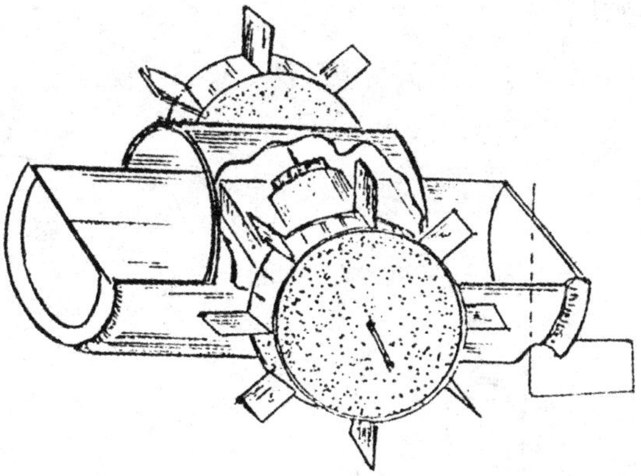
图 83–2

4. 用薄铁皮剪一个螺旋桨（如图 83–1B），焊在电机轴上，在小船里装上 5 号电池盒和开关，这样，小电动船就做完了。也可以参照图 83–2 做成明轮船，明轮可用大号软木塞嵌入铁片制成。小船最好在尾部装有舵，以便控制方向。

三、使用方法

当把船放在水中后，接通电源，在螺旋桨高速旋转产生推力时，小船便能高速前进。如果实验时小船倒退，调换一下电池的正负极就可以了。

八十四　电磁铁

一、材料

一寸半铁管、铁板、漆包线、绝缘材料、8 号铅丝。

二、制法

1. 取直径 4 厘米、长 2.5 厘米铁管一段。用厚 0.2—0.3 厘米铁板照铁管内径锯成圆形，然后，将其镶嵌在铁管里，圆形铁片与铁管边沿持平，并用 502 胶水粘牢，如此制成筒状，再于圆形桶底打一个直径 0.45 厘米的圆孔。（如图 84a）

2. 取直径 1.2—1.5 厘米、长 3.2 厘米铁棒一段做成铁芯。铁芯一端中心打一深 0.5 厘米、直径 0.35 厘米的孔，并用 M4 丝锥在孔中攻好丝。用绝缘板做两个线圈框架套在铁芯上，

再于线圈框架内密绕5—6层直径0.5毫米的漆包线。（如图84b、84d）

3. 取8号铅丝段，一端弯成钩形，另一端套上M4的扣儿，然后以套扣一端穿进筒底的小孔与铁芯攻丝拧合，将铁芯线圈装进筒里。

三、使用方法

以8伏直流电压输入电磁电线圈中，电磁电即能产生强大磁性，可吸起约3公斤重的铁块。

注：图84g是简易电磁铁，故磁性较弱。

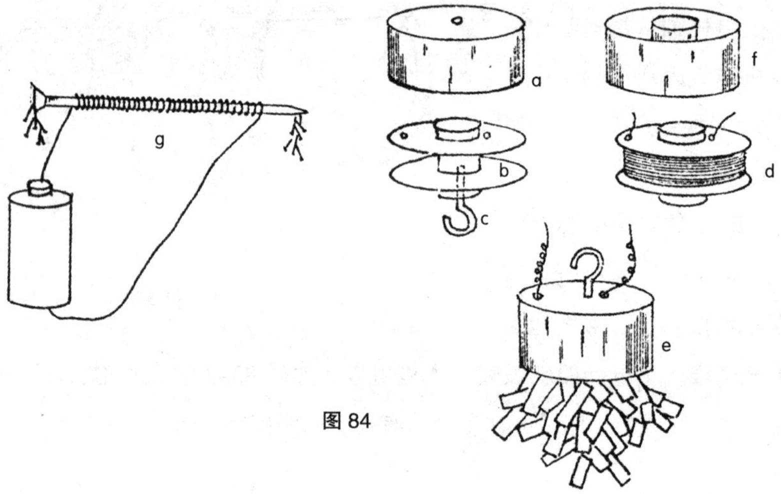

图84

八十五　指针式风向计

一、材料

薄铁片、8号铅丝、18号铁丝。

二、制法

1. 剪一个直径6厘米的圆铁片，在正中打一个直径0.4厘米的小孔，在圆片周围呈放射状均匀地焊上8条长短不同的18号铁丝（如图85a），其中短铁丝为23厘米，长铁丝为27厘米，焊时长短间开，并在其中一个长铁丝上焊上一个用马口铁剪成的N字形（如图85B），铁片表示北的方向。在圆孔中焊上一段长24厘米的8号铅丝，铅丝一端锉尖，一端焊在已打好孔的铁架台上。

2. 用长36厘米、两端宽4厘米、中间宽3厘米的铁片，弯成尾翼，尾翼两端剪成燕尾形状（如图85b），然后将两端燕尾对折。

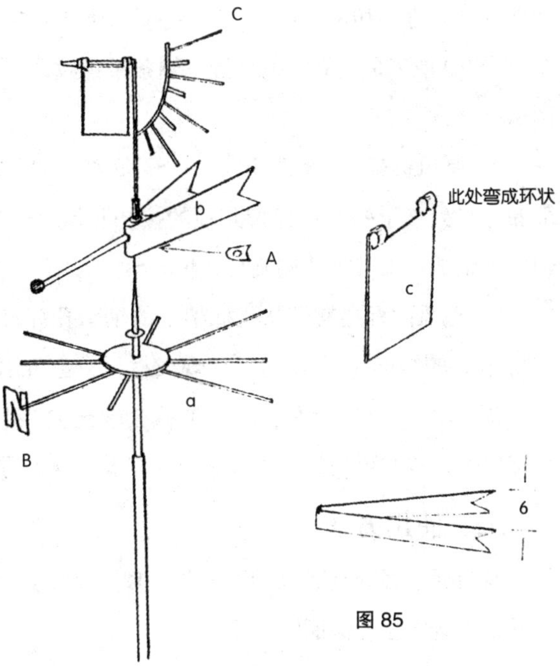

图 85

在尾翼折角处上下各焊上一个打 0.4 厘米孔的三角形铁片（如图 85A），再在尾翼上边的三角铁片小孔上焊上一个自行车辐条帽。

3．把一段 18 号铁丝弯成乙字形，并在 L 字形长的一边焊上弧形铁丝，弧的半径为 8 厘米，在弧的边沿上呈放射状均匀地焊上长短不同的 8 根 18 号铁丝，长的为 7 厘米，短的为 3.5 厘米，焊时长短分开。（如图 85C）

4．用长 9 厘米、宽 6 厘米的马口铁做成风级片（如图 85c），套在乙字形的横边上，使其能灵活转动。为了防止级片滑脱，可在乙形的横边上套上一段细圆珠笔芯。

把乙字形竖杆垂直拧在风标叶折角处的辐条帽上，注意 L 型的横边和风标叶指针成 90° 直角。

三、使用方法

把指针式风向计放在有风的地方，N 字朝北，不但能显示风来自何方，而且可以显示风力的大小。

此风向标只能做演示用，风级大小只是象征性的。

八十六　旋转式风向计

一、材料

易拉罐、自行车辐条、按扣儿、薄铁片。

二、制法

1．制风标叶：把易拉罐横截开，留下下半部罐身 9—10 厘米，于横断处向下垂直将罐身分成十等份后，用剪刀剪开，剪口至距底部 2 厘米处止，把每片向外掰成羽毛球状后向同一方向扭曲 25°，用细铁丝在叶片尾部围一环状，以加强强度。底部中心打一个直径 0.2 厘米的小孔，把自行车辐条带螺纹的一端穿入小孔后，用两个辐条帽卡紧（如图 86a）。

2. 制风标架：另取易拉罐一个，底部中心打一个直径 0.2 厘米的小孔做轴承孔。顶部原开口处嵌上一个锉掉帽儿顶的按扣儿做另一边的轴承 c，在易拉罐中部卡上一个竖轴支架轴承。安装方法同旋转式风车。

3. 把风向标尾翼杆从风标架上的轴承孔穿过，留有 4—5 厘米的杆身，并安上配重的物体（如图 86b）。配重可用现成材料，也可用锡铅铸成。

将一段长 10 厘米左右的辐条的上端锉尖，下端绑在竹竿或铁架台上，把风向标架在支架上，这时风向标就可以随风转动指示方向了。

三、使用方法

风向标最好架在较高的通风处，以便能更好地指示风向；风向标配重要选好，使车身平衡，这样才能保证转动灵活。

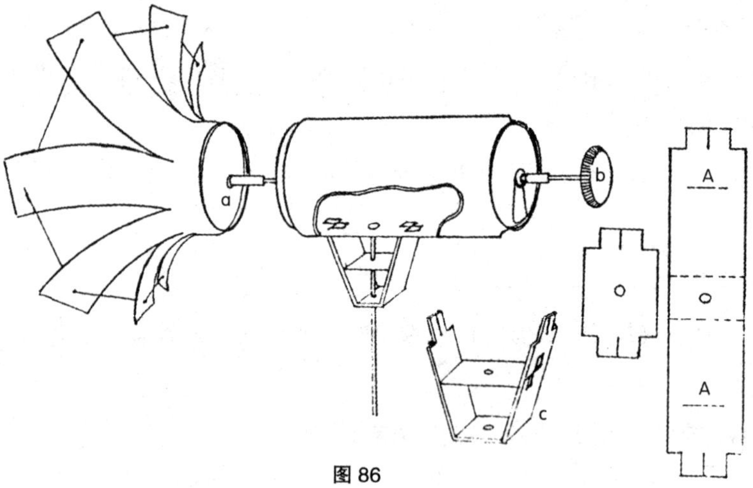

图 86

八十七　风速计

一、材料

易拉罐、自行车辐条、按扣儿。

二、制法

1. 将易拉罐横向分成甲乙两等份，把甲的下半部用剪刀剪掉后，再把乙相对的上半部剪掉。剪时要注意在罐体甲、乙接合部中间处留出宽 1.5 厘米的地方不剪，并在上下罐壁打上直径 0.2 厘米的小孔（如图 87A 点）从罐的一侧内壁上嵌上按扣儿的子扣做支撑轴承。

2. 取自行车辐条一段，一端锉尖，一端绑在竹竿或铁架台上做成风速计支架。把做好的风速计放在支架上，风速计就会随着风力大小而快慢转动。

三、使用方法

此风速计为模型，不能准确测量风速。在风大时，应把风速计从杆上拆下，以免损坏。

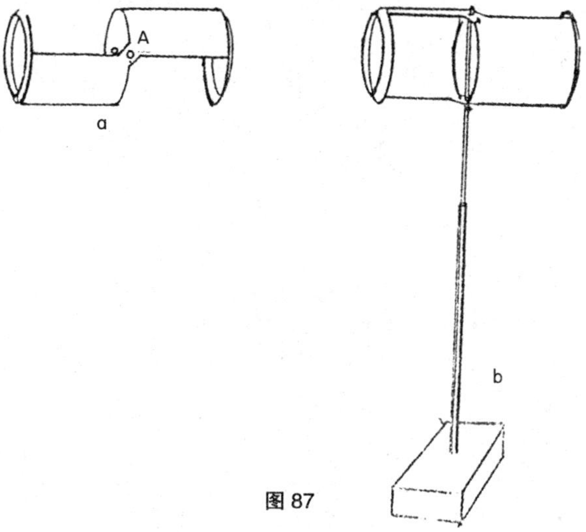

图 87

八十八　湿度计

一、材料

木块、橡皮筋、软木、圆珠笔芯铜头、缝衣针。

二、制法

取来长发，用肥皂或苏打将其在热水中洗净，再用净水漂净，放置阴凉处阴干。

用钉子（或白乳胶）将小软木固定在木板上端（如图 88），用刀在小软木上纵割一窄缝，然后将头发在端部打一个结实的结，嵌入软木的细缝中，使之固定。

与上端软木窄缝垂直，用一枚大缝衣针打入木板下端，针上套上一段圆珠笔芯铜头，并在铜头芯上焊上一个用薄铁皮剪成的箭头指针。

头发的下端系上一段橡皮筋后，将头发在笔芯铜头管上绕上一圈后，再用大头针将橡皮筋的另一端钉在木板上（如图 88）。

将木板竖直放置在盖有湿布的热水上方片刻，然后在指针指示的位置刻画出100；再将木板置于干燥通风处片刻，在指针指示的新的位置上刻画出0。在0—100之间等分出100个小格并画出短线，每10格画一长线，这样湿度计便制作成功。它是根据毛发长度随大气湿度而变化的道理制成的。

三、使用方法

将湿度计挂在墙壁，根据指针指示位置便可读出湿度。如能与标准温度计比较，做些调整，就更为精确。

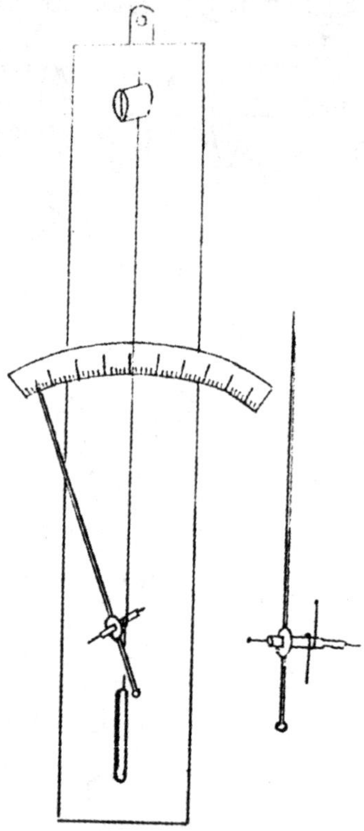

图88

八十九　雨的形成演示器

一、材料

薄铁片、烧瓶、烧杯、8号铅丝、玻璃管等。

二、制法

1. 取一段长30厘米的8号铅丝，装在一块长15厘米、宽8厘米的木板上做支架，用宽1厘米、长24厘米的铁条弯成环形卡子（如图89a），用螺丝钉把卡子卡在支架上，在圆环中套上一个 150 毫升烧杯，烧杯口朝下。

2. 用长 14 厘米、宽 1 厘米的铁皮弯成环形卡（如图 89b），卡住 50 毫升烧瓶后，固定在支架中部的 A 处。用外径 0.6 厘米的玻璃管弯成两个直角，短的一头套在橡皮塞里，再按图 89 组装好。

三、使用方法

在烧瓶内贮入少量的水，用酒精灯加热，水沸腾后，水蒸气从管内排出，在烧杯内遇冷，在杯壁上凝结成水珠。水珠增多时，便一滴滴落下来，借以说明雨的形成。

为了避免水滴滴在桌子上，可在烧杯下方垂直的地方放上一个大于烧杯的塑料瓶盖。

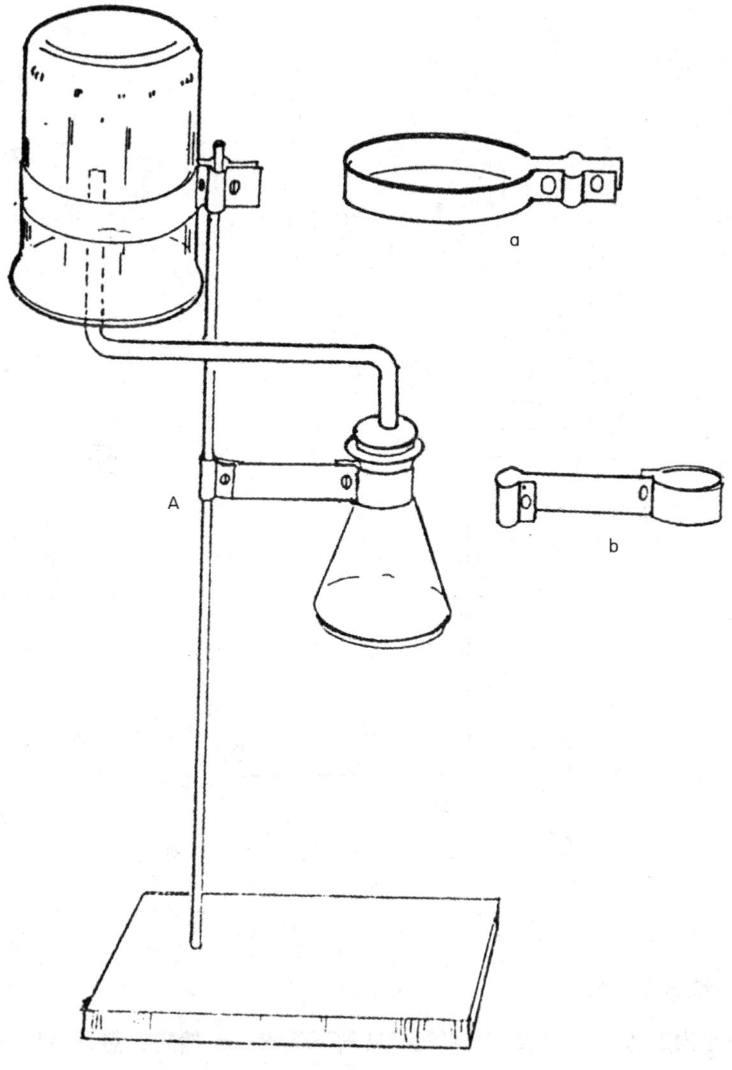

图 89

九十　水在自然界循环演示器

一、材料

烧杯、烧瓶、8 号铅丝、木块、塑料盒盖、玻璃管。

二、制法

1. 做一个和雨的形成演示器一样的器件。

2. 取一个直径大于 150 毫升烧杯的塑料瓶盖，在盖中心钻一个直径 0.6 厘米的小孔，把外径 0.6 厘米的玻璃管弯成两个直角，短的一端管长为 1 厘米，插在塑料盖中心圆孔内（如图 90a），用胶粘牢固。长的一端插入锥形烧瓶口的橡皮塞内，管口直插至靠近瓶底处。

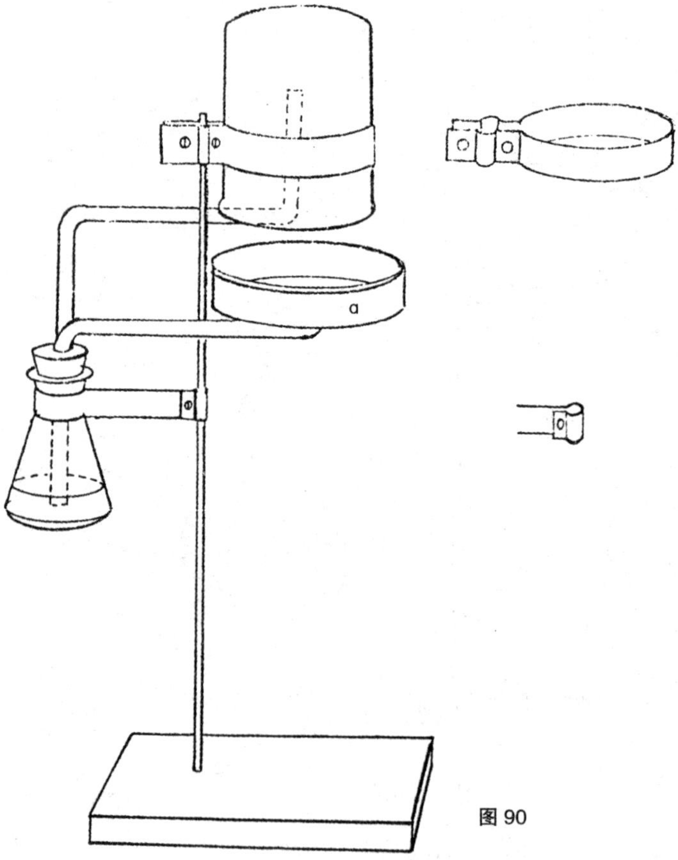

图 90

三、使用方法

在烧瓶内贮入少量的水，水要没过玻璃下端管口；然后，点燃酒精灯加热。水沸腾后形成蒸汽从管口喷出，在烧杯里遇冷后，在杯壁上凝结成水珠，水珠顺壁滴在杯口下的塑料盖里，当水够多时便从玻璃管流回烧杯。烧杯继续加热，水又蒸发……这样循环不已，借以象征性地说明水在自然界循环的道理。

九十一　昆虫盒

一、材料

三合板或木板、窗玻璃、平面镜。

二、制法

用三合板或木板制成一个长 12 厘米、宽 13 厘米的长方形盒子，盒子前脸两侧用细木条粘出沟槽（如图 91a），可以插进、拉出玻璃。再按图 91b 所示装上平面镜和窗玻璃，盒的外面打磨光滑后涂上漆，既能保护盒子不受潮变形，又能使其美观。

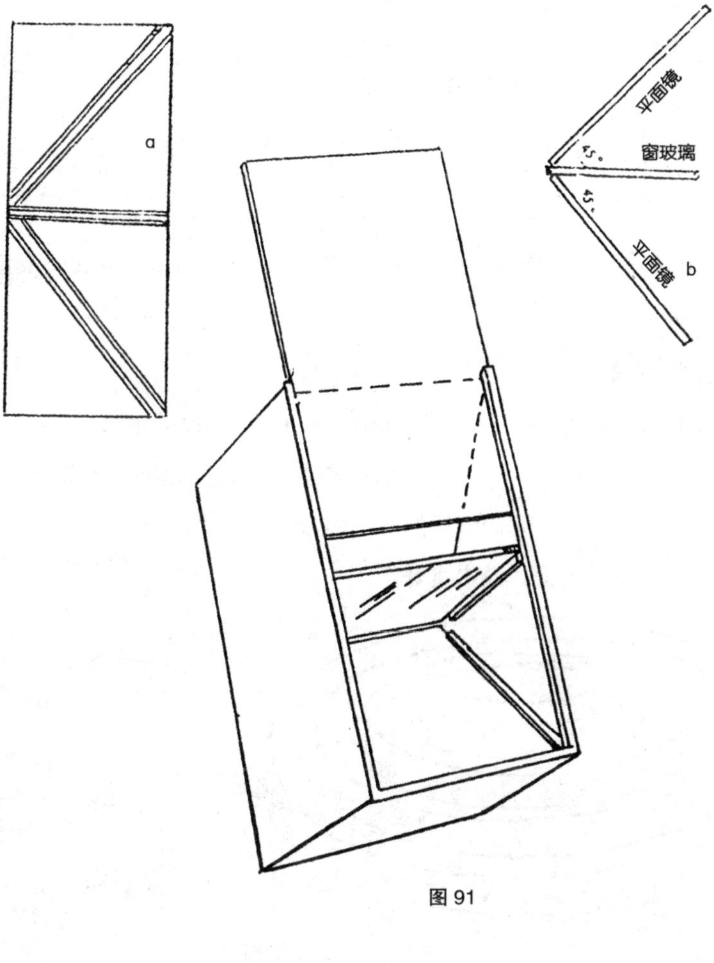

图 91

三、使用方法

把捉来的昆虫标本放在盒中部的窗玻璃上时，就可以全方位地观察昆虫的形态器官活动等情况了。

九十二　蚯蚓盘

一、材料

铁皮、焊锡、砂、蚯蚓等。

二、制法

1. 按下表尺寸剪好5条铁条并弯成环形，接头处焊牢。

序号	长（厘米）	宽（厘米）	厚（厘米）
1	22	2	0.5
2	35	2	0.5
3	49	2	0.5
4	63	2	0.5
5	75	2	0.5

2. 把剪好的铁条弯成环形（如图92a、92b），焊好后依次焊在一个直径34厘米的薄圆铁片上，焊时要求点焊。

三、使用方法

从内圈第二圆环间起，依次在盘内环中装上1.5厘米厚的干沙、湿沙、干土、温土。在阴暗潮湿的地方捉几条蚯蚓放在中间的小环中，蚯蚓几经徘徊，最后全部钻入外圈的湿土里。借以证明蚯蚓喜欢阴暗潮湿的土壤的习性。

本教具经多次实验验证，效果良好。

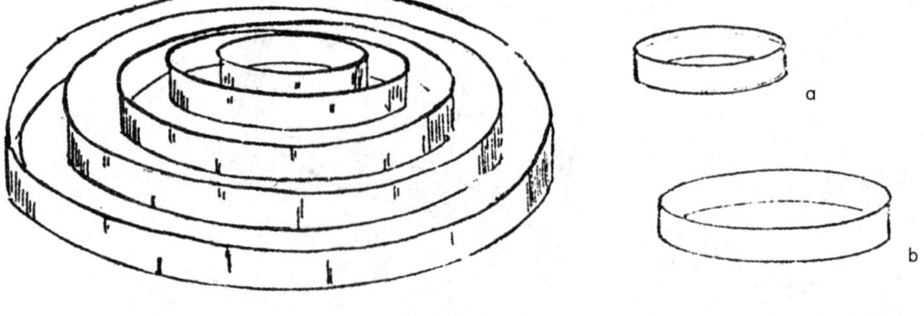

图 92

九十三　青蛙扑虫演示器

一、材料

有机玻璃板、铁皮或塑料板、小块磁铁、大头针等。

二、制法

1. 按图 93 做好青蛙扑虫主体，其中青蛙可用塑料板或铁皮剪成，草叶可用马口铁皮剪成。

2. 在青蛙活动的舌尖用 502 胶水粘上一小块磁铁（如图 93A 点），再用马口铁剪成如玉米粒大小的微型蝴蝶（如图 93B 点），并放在适当位置上。

3. 照图 93 把“青蛙扑虫”装在底板上。青蛙扑虫底板为厚 0.1—0.2 厘米、边长 25 厘米的正方形有机玻璃板，用 0.3 厘米厚的窗玻璃板代替也可，但玻璃易碎且不好固定。

三、使用方法

把青蛙捕虫演示器放在投影器上，再把用马口铁剪成的微型蝴蝶放在青蛙舌尖能触到的前方，开启投影器开关，摆动有机玻璃杆，在各个连杆的作用下，青蛙捕虫的跳跃、张口、吐舌黏虫等连续动作便会清晰地映在屏幕上。

在做下一次捕虫动作时，要重新摆好微型蝴蝶的位置。

注：（1）图中的实点为固定轴，⊙点为活动轴；

（2）此教具为电教投影器材。

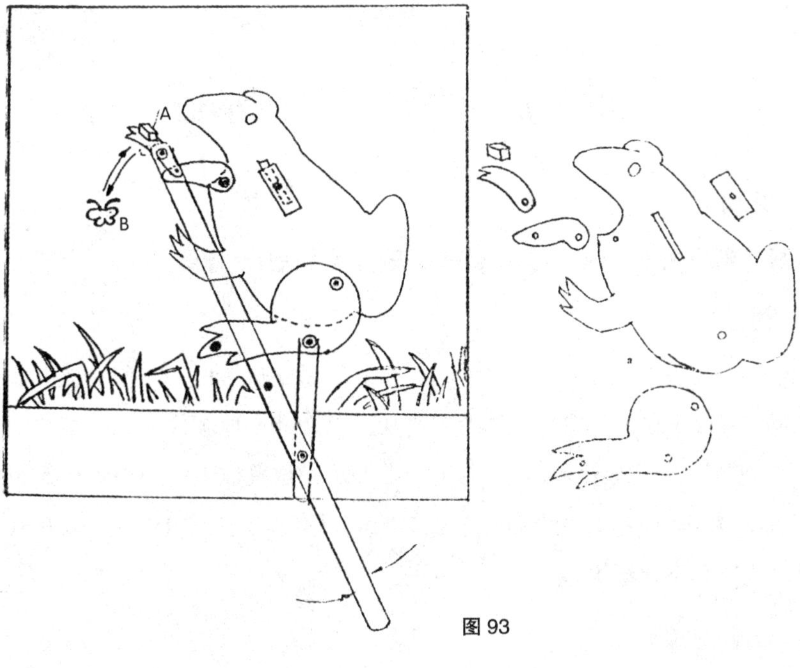

图 93

九十四　植物向光实验装置

一、材料

木板、小钉、三合板、花盒。

二、制法

做一个长35厘米、宽14厘米、高20厘米的长方形盒子，盒子里用截板隔成三段空间。（如图94）图94A段截板下部留出5厘米宽的空隙，B段截板上部留出5厘米宽的口，盒的前方裁口内可以插入用三合板做的插板，使盒内密封。盒子右侧锯出直径3厘米的圆孔做通光口（如图94C）。

三、使用方法

在盒内右边放一小型花盆，盆内种有已长出幼苗的豆类植物（如黄豆等），插好插板，使盒密封。由于盒内缺少光线，植物又有趋光性，所以过一些日子，豆苗便弯弯曲曲从通光孔内钻出。使用此装置可以证明植物有向光性。

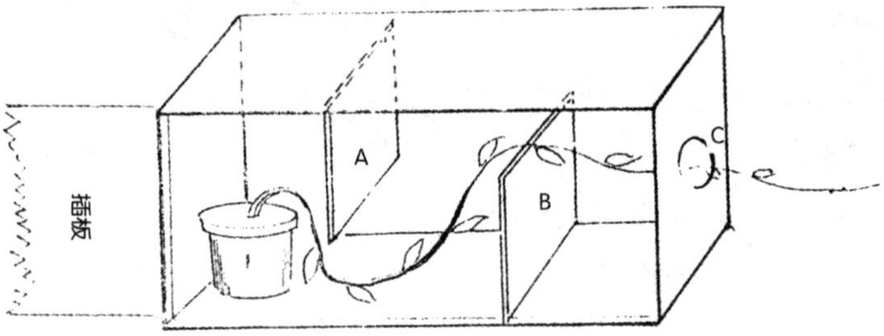

图94

九十五　昼夜现象演示器

一、材料

三合板或塑料板、5号电池盒、灯碗、乒乓球、铁片、电线。

二、制法

1. 取一块长16厘米、宽5.5厘米的长方形木板或塑料板，在塑料板中部装上一个5号电池盒，右边装上一个用乒乓球做的小地球仪，在小地球仪上标出南北回归线、赤道，画出中国版图。（如图95a）在北半球上的适当位置插上一个小头针代表标杆，用长13.5厘米、宽0.5厘米的铁条做一个手电筒灯罩卡子（如图95b），卡好电筒反光碗后用螺丝钉固定在木板左边。

3. 照图 95 连接好电线、开关。开关可买现成的小开关，也可用按扣儿代替。

三、使用方法

在电池盒里装好电池，打开开关后，小灯泡发光，这时转动小地球仪，就可以演示出昼夜现象，日光影的长短方向，早晨、正午、傍晚太阳光的直射位置等。

灯碗前的玻璃最好是磨砂玻璃，以便让光线均匀地投在地板上。

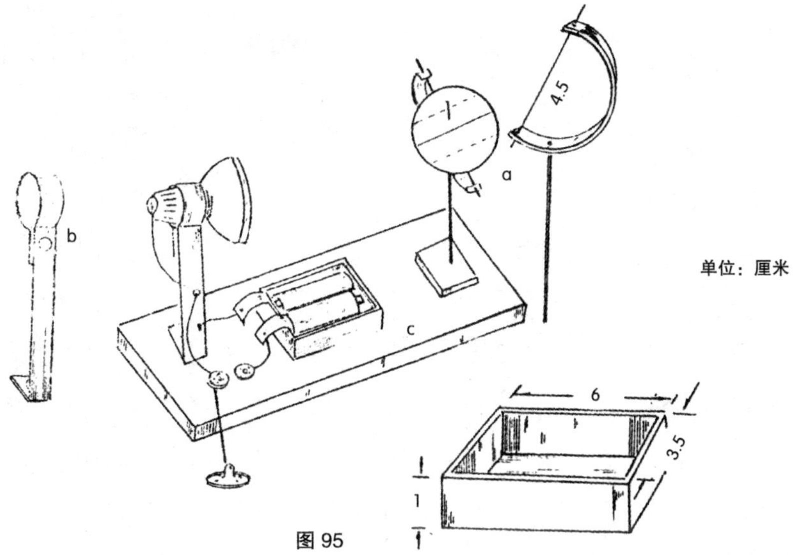

图 95

九十六　简易月相仪

一、材料

三合板或黑塑料板、直径 6—7 厘米的塑料球、铁条、铁架台、及时贴（一种即粘性的色纸）、凸面镜（汽车倒车镜）等。

二、制法

1. 取一块直径 50 厘米左右的圆木板，板面画出月相图。如用塑料板做月相板，用对比度较强的两种颜色及时贴剪粘出月相图，并在圆板中部画出地球的形状。（如图 96a）

2. 取一条长 55 厘米、宽 2 厘米、厚 0.2 厘米铁条做转臂，转臂中心处打一直径 0.8 厘米的圆孔，然后在转臂中心孔内穿入一个内径 0.6 厘米、长 2 厘米带螺扣儿的套管并固定好，在转臂的一端打一个直径 0.2 厘米的小孔，小孔内固定一根长约 15 厘米的自行车辐条（自行车辐条可用辐条帽锁在铁板上）。按图 96c 把转臂中心的套管套在月相板后面的支架轴上待用。支架的做法是：取一个铁架台，上边用锤砸扁并在砸扁处打一个直径

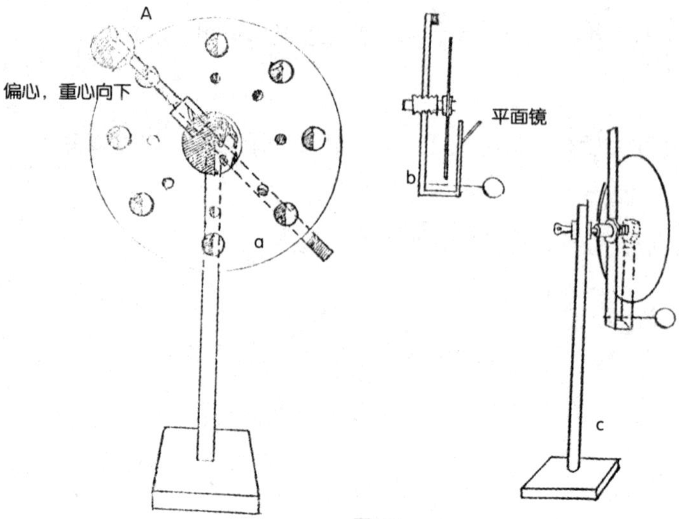

图 96

0.6 厘米的小孔，然后把月相板的轴用螺母锁在支架上。这样，转臂就可在轴上灵活转动了。（如图 96c）

4. 在转臂一侧的自行车辐条上，装上一个一面涂有白色、一面涂有黑色的塑料球，为了使球的白色部分永远朝着一个方向（向光），装塑料球时可用偏心的方法，使球体重心向下。也可在球体下面装上配重。（如图 96A）

三、使用方法

用手拨动铁条杆，在转臂杆一端的月球便绕地球转动，由于重力作用，表示被太阳照射（涂有白色）的一面始终朝着来自右面的阳光，这时在不同的时间从地球上就可以看到从峨眉到半月，到满月的月相变化了。为了使观察者能从月相板下面看到月相的变化情况，在转臂中部成 45° 角对着月球，装上一个凸面镜（代表观察者的眼睛），镜子里就可以映出月相变化情况。转动时为了保持转臂平衡，可在转动转臂的另一端装上和月球一样重的配重，这样无论月球转到哪里，转臂都可以保持平衡状态。

九十七　太阳测高仪

一、材料

塑料管、铁皮、三合板、木板、螺丝钉。

二、制法

1. 取一段长 35 厘米、内径 1.6 厘米的塑料管，两端用砂纸打光备用。

2. 按图 97a 做两个卡箍，套固在塑料管上。材料可以用 0.5 厘米厚的白铁皮。

3. 用三合板做一个量角器，并在上面画上 0°—90° 的刻度。

4. 用木头制成支架，支架顶端呈半圆形，并在半圆形中心打一个直径 0.3 厘米的孔。将塑料管、量角器用一只卡箍卡在支架上，使塑料管连同卡箍在支架上能上倾下摆，另一只卡箍只把量角器和塑料管卡在一起。

5. 图中 A 点的螺丝钉应尽量长些，在穿过支架、卡箍、量角器拧上螺母后，还应保留有 0.05—0.07 厘米的余量，然后把用马口铁剪成的重垂形指针，套在这个螺丝钉上，使它能自然下垂指示度数。为了防止指针脱落，在套进指针后，螺丝钉端头再拧一个螺母，但不宜拧得过紧，以免影响指针下垂。指示度数的指针，最好涂上红色，并应绝对灵活，量角器上可以涂上白漆，再用黑色刻画度数。

6. 按图 97b 做一个投影屏，套在塑料管的尾端，投影屏向着塑料管的一面涂有白色。

三、使用方法

左右调整太阳测高仪的方位，使它垂直于太阳的方向，再上下摆动太阳测高仪的倾角，使它对准太阳，使太阳光穿过塑料管映在塑料管后面的投影屏上，成一个圆的亮点。这时塑料管正好和太阳光线平行，和塑料管平行装在量角器上的指针，由于自然下垂所以指示太阳在观测时的角度。

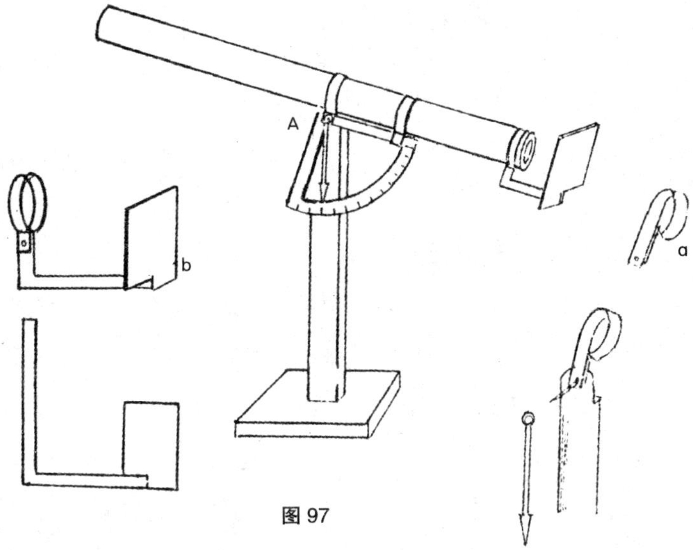

图 97

由于太阳光线太强，不可以从塑料管内直接用眼睛观察太阳，以免刺伤眼球。

九十八　观星网

一、材料

12 号铅丝、木条、木块、焊锡。

二、制法

1. 将 12 号铅丝剪成 38 厘米、28 厘米、19 厘米 、9.5 厘米长的 4 段，弯成大小不等的 4 个圆环，用长 12 厘米、5 厘米的 12 号铅丝各 4 根，按图 98a 的样子，用锡把 4 个圆环连起来焊成“罩”星环。在图 98 的 A 点处焊一条长 12 厘米的 10 号铅丝，做观

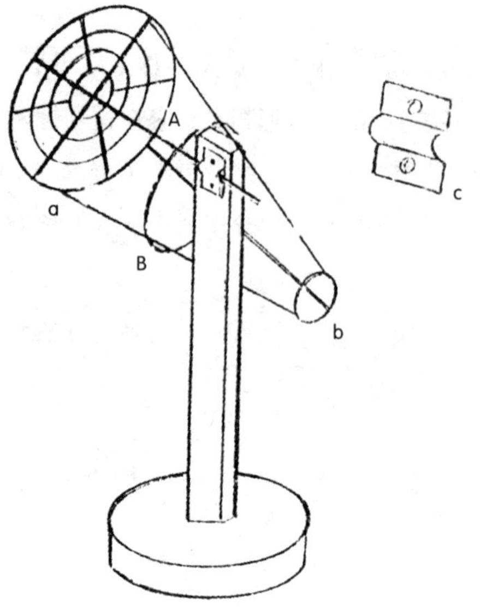

图 98

星网的转轴。

2. 取长 12 厘米的一段铅丝，弯成环形，焊好作为观察环，用四根 22 厘米长的 12 号铅丝把"罩"星环和观察环焊接在一起（如图 98b），在图 98 的 B 点处再焊上一个直径 7 厘米的圆环，这样观星网更为坚固。

3. 用 0.05 厘米厚的铁皮按图 98c 的形状做成观星网的轴承，可用它把观星网卡在支架上，使观星网能自由上倾下摆。用十字夹把观星网卡在铁架台也可。

三、使用方法

晚间把观星网放在桌角或阳台等固定的地方，转动观星网的方向，调整观星网的角度，使它对准所要观察的星辰，可随时观察出星辰在观星网中的位置变化，也可用观星网观察星座在天空中的位置。

九十九　星座演示器

一、材料

地球仪、铜管、8 号铅丝、减速大小齿轮、球具电机、5 号电池盒、铁皮、电线等。

二、制法

1. 取一个直径 20 厘米左右的地球仪，把代表地球的球从支架上取下后，把半球形支架上的孔扩大为直径 0.6 厘米（如图 99C），再把半球形支架下的竖杆（如图 99A）取下，把支架直接固定在底座上，缩短半球形支架和底座的距离。

2. 取一根长 40 厘米、直径 0.6 厘米的铜管或铁管，铜管的一端套上一个钟表大齿轮并焊牢，铜管露出齿轮约 2 厘米，同时在露出部分的管内卡上一段锉尖的 8 号铅丝做支承轴。铜管另一端安上一段长 35 厘米的 8 号铅丝，铅丝的一端套好丝扣儿待用。（如图 99a）

3. 从地球仪支架底部的孔，把球体重新装进半球形支架上。然后在铜管底部 8 号铅丝尖端下垫一块 0.05 厘米厚铁片，并把铁皮固定在底座上，如图 99B 点，为了使轴

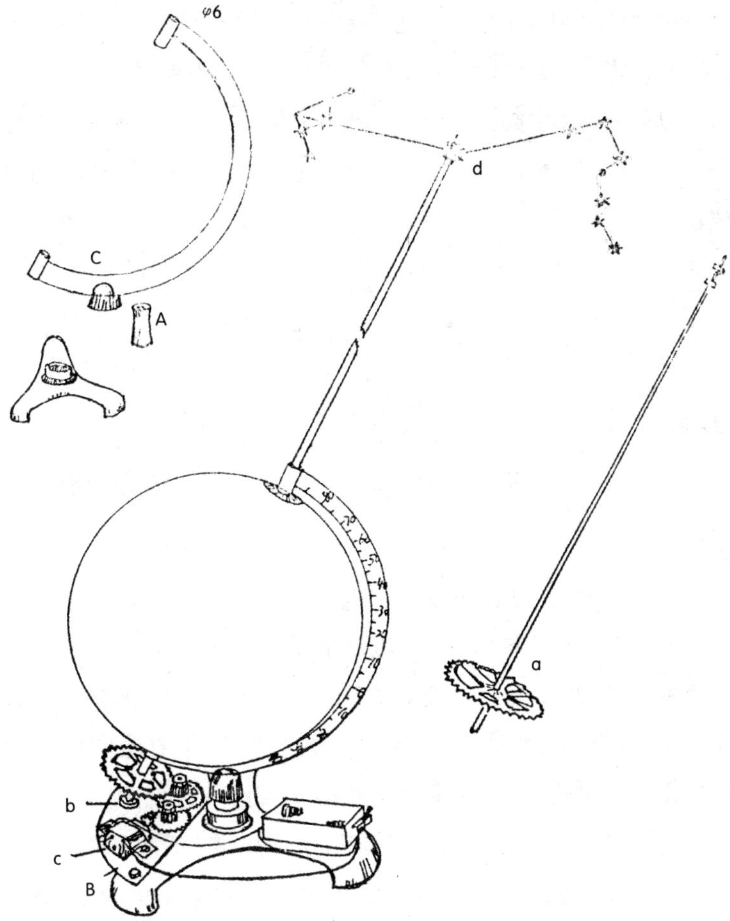

图 99

转动灵活并且方位不动，可在 8 号铅丝尖端轴正对着的地方焊上一个 M4 螺母，然后把轴尖陷在母眼里（如图 99b），这时拨动球体或转动铜管都应转动灵活自如。

4．用大小紧密配合的齿轮做成减速装置，并装上玩具电机。当电机通电转动时，应能带动大齿轮缓缓转动，从而使铜轴旋转。（如图 99c）

5．按不同季节的星座的位置，用钢丝焊好与之对应的星座支架，支架上贴上剪贴出的凹片代表星辰，用铁皮剪一个五角星，代表北极星，并以此作为其他星座的坐标。五角星中心打一个直径 0.4 厘米的孔，把四季不同星座分别焊在每个五角星上（如图 99d）。

三、使用方法

例如把秋季的仙后星座、大熊星座的北斗七星，按比例焊在代表北极星的五角星上，五角星中部有孔，用螺母固定在轴端，开启开关，仙后座、北斗星则绕地轴转动，关闭开关，用手拨动地球仪则两星座也绕地球运转，这样不但能讲解每一季节某一星座在天空的位置，同时也能说明星球运转时位置的相对变化和关系。

夏季星座以北极星为中心，可焊成天鹰、天鹅（南天）、牧夫（北天）等星座。

其他季节可根据当地情况焊接星座，如果把四季星座叠在一起，可以讲解星座在天空的相对位置。

一〇〇　星空仪

一、材料

三合板、发光二极管、木块、131 型玩具电机、齿轮、铁管、缝纫机线轴。

二、制法

1. 制星盘：取直径 111 厘米的圆形三合板一块，光面上涂上浅蓝色漆，制成漆板，在漆板上嵌上或贴上星空的各个星座，嵌贴星座可用投影法。办法是：将漆板钉在墙上代替银幕，漆板前放上投影器，在投影器上放上扎了小孔的星座图，让星座的图像通过小孔的光线，映在漆板上，随即用笔或锥子，按光点所示，在漆板上做出星座图的标记，然后在主要星座的标记处均打出直径 0.5 厘米的小孔，以此制成北斗星座、北极星座、仙后星座、飞马星座、猎户星座、狮子星座、天鹅星座、天蝎星座、天琴星座等，在小孔内嵌上发光二极管，用并联的方法把每个发光管联在电源处，电池盒就装在漆板背面的中间部位，发光二极管的开关可装在小熊星座勺柄的第二颗星处（以代替小熊星座的一颗星，第一颗星为北极星）。开启开关，各个二极管发光，以上各个星座得到显示。其他星座可用红色、黄色即时贴剪出，贴在星盘相应的位置上，这样便制成星盘了。在星盘后面距边缘 4 厘米处，等距离粘上 2.5 厘米 ×2.5 厘米 ×4 厘米的 16 块长方体木块，每个木块朝向边缘的一侧都锉成凹形，以备安装传动带。（如图 100–3b）

在星盘边缘 1 厘米处沿周长等分 365 份，每份代表一天，并按大小月的实际天数标出月份，划分月份可按“斗柄指春天下皆春、斗柄指南天下皆夏……”标出。这样在使用星空仪时，就能从时间观察孔中观到所标时刻。

2. 制星盘罩：照图 100–1a、100–1b 锯出两块圆形星盘盒的盖和底。在盖板上用弓锯锯出观星窗门和 7 个弧形时间观察孔，并在观察孔边上按图 100–2 做出时间标记。在盖板的另一面距边缘 0.3 厘米处（即三板厚度），沿周长等距离地粘钉上 2.5 厘米 ×2.5 厘米 ×7 厘米的 16 个小木块（如图 100–3a），再在每两块木块之间距边缘 45 厘米处打出 8 个直径 0.5 厘米的小孔（盒底相应的位置同样打出 8 个直径 0.5 厘米的小孔），在每个小孔中旋上 1 厘米 ×0.5 厘米的螺丝钉，每个螺杆上再套上一个缝纫机用的线轴，为了使线轴保持在螺杆的正中，在线轴上下的螺杆上各固定一个螺母，螺母之间要留有余量，以便线轴灵活转动。

把嵌好的星盘放进盒里，架在线轴上，转动星盘，看看是否能灵活旋转。再将盒底的 16 个小孔套在盒盖的螺杆上，用螺母拉紧，然后用小钉把盒底钉在盒盖的 16 个木块上。

上下底盖装好后，沿底和盖之间的木块围绕上一圈长约 350 厘米、宽 7 厘米的三合板条，并用小钉把板条钉在 16 个木块上，再在星盒两侧等距离的地方各旋进一根 0.5 厘米的螺丝钉，以做星盒的 360° 旋转用。

3. 连接传动装置：在星盒的 C 点处装上一个滑轮（如图 100–3b），并用牢固的线绳成 8 字形将滑轮和星盘上的大滑轮（即 16 个木块）连接起来，转动 C 点处的滑轮，带动星盘，星盘座能在 16 个线轴间灵活转动。在 C 点处滑轮的主轴应有约 35 厘米的一段露出星盒外面。在露出盒外面的主轴上装一个钟表大齿轮（如图 100–3C），通过减速装置与小电机相连，当小电机高速旋转时，通过传动滑轮带动量盘在星盒内做逆时针缓缓转动。星盘电机的开关和电池盒，可装在星盒后面底部边缘上，以便开关。

4. 制支架：照图 100–2 用 1 寸和 6 分、4 分铁管焊接成支架。把做好的星空仪安装在支架上，使星空仪在支架上能做 360° 旋转。同时，在支架的 A 点也能做竖直方向 360° 的旋转。

三、使用方法

开启星盘中部的发光二极管电源开关，二极管发光显示出主要星座在星空的相对位置。

开启星盘的转动开关，星盘做逆时针方向 360° 旋转（如果旋转方向不对，可以调换电源接线或电池正负极）。通过时间观察孔即可找出某月某日某时星座在天空的相应位置。

转动星空仪的盒体，纵横向 180° 旋转，即可随意观察出北天、南天的星座，在搬转动星空仪盒体做 180° 旋转时，同时使支架连同星盒做竖向 180° 旋转相对应，用于讲解南天、北天星座。（图 100–2）

此星空仪不但用于室内识星或供研究星空之用，而且还可在夜间对应天空实际星座位置观星之用。

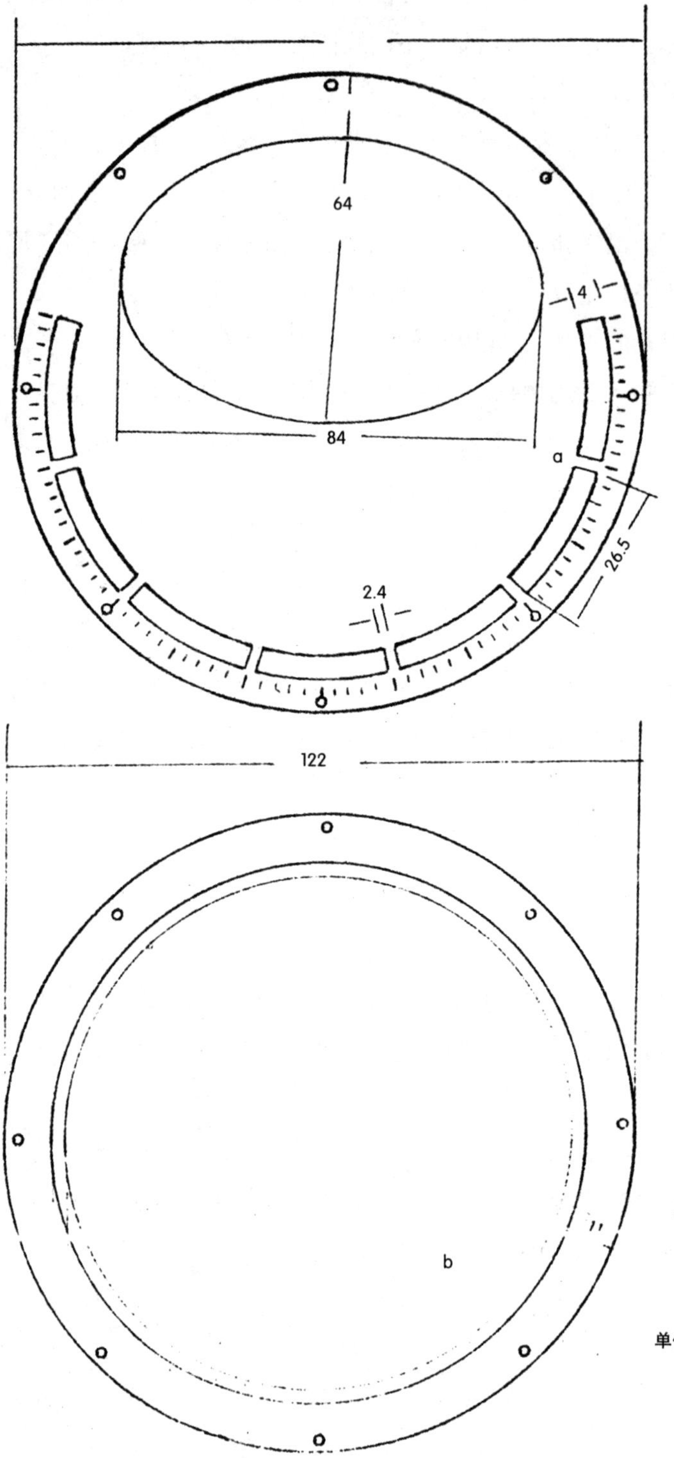

单位：厘米

图 100-1

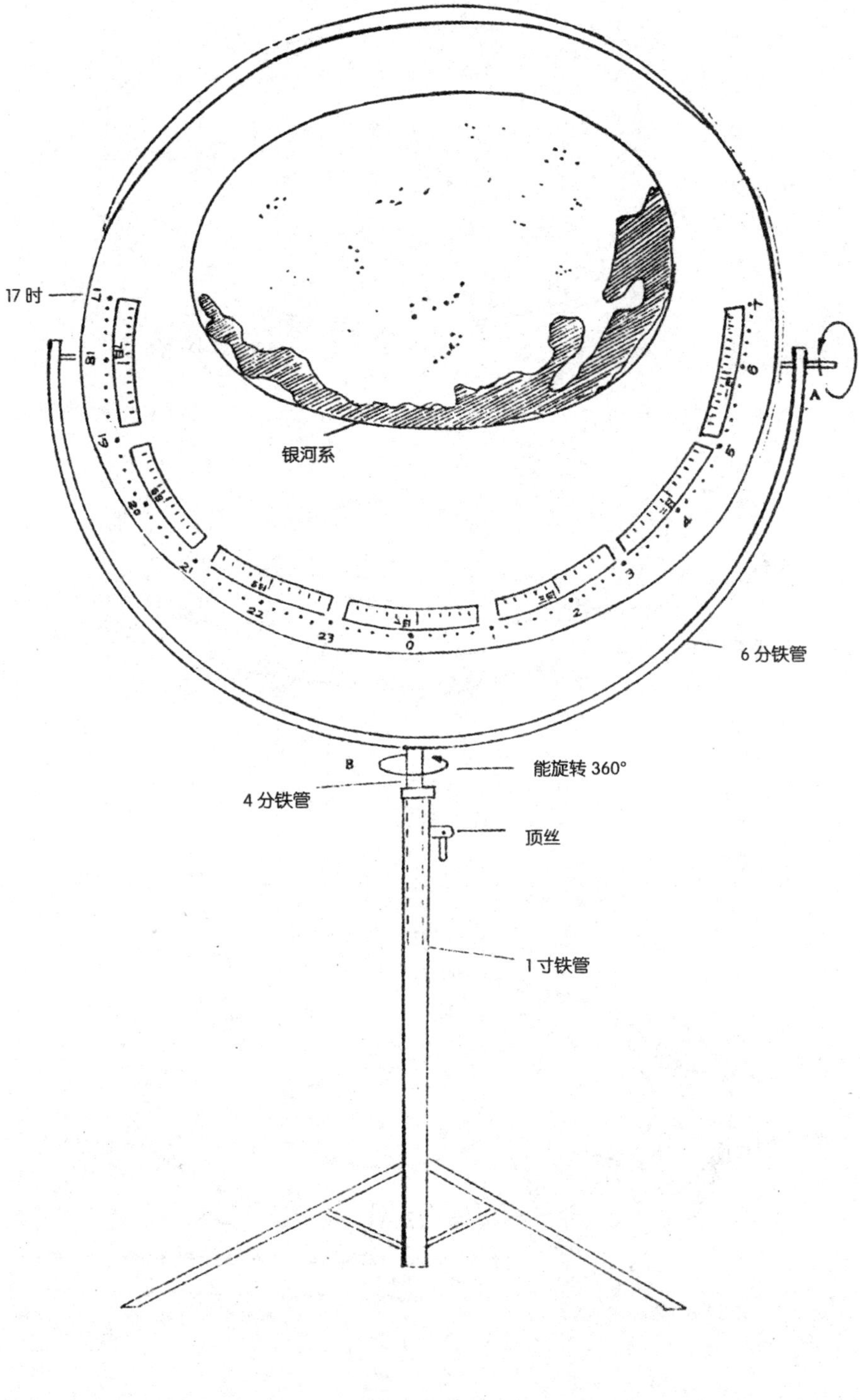

图 100-2

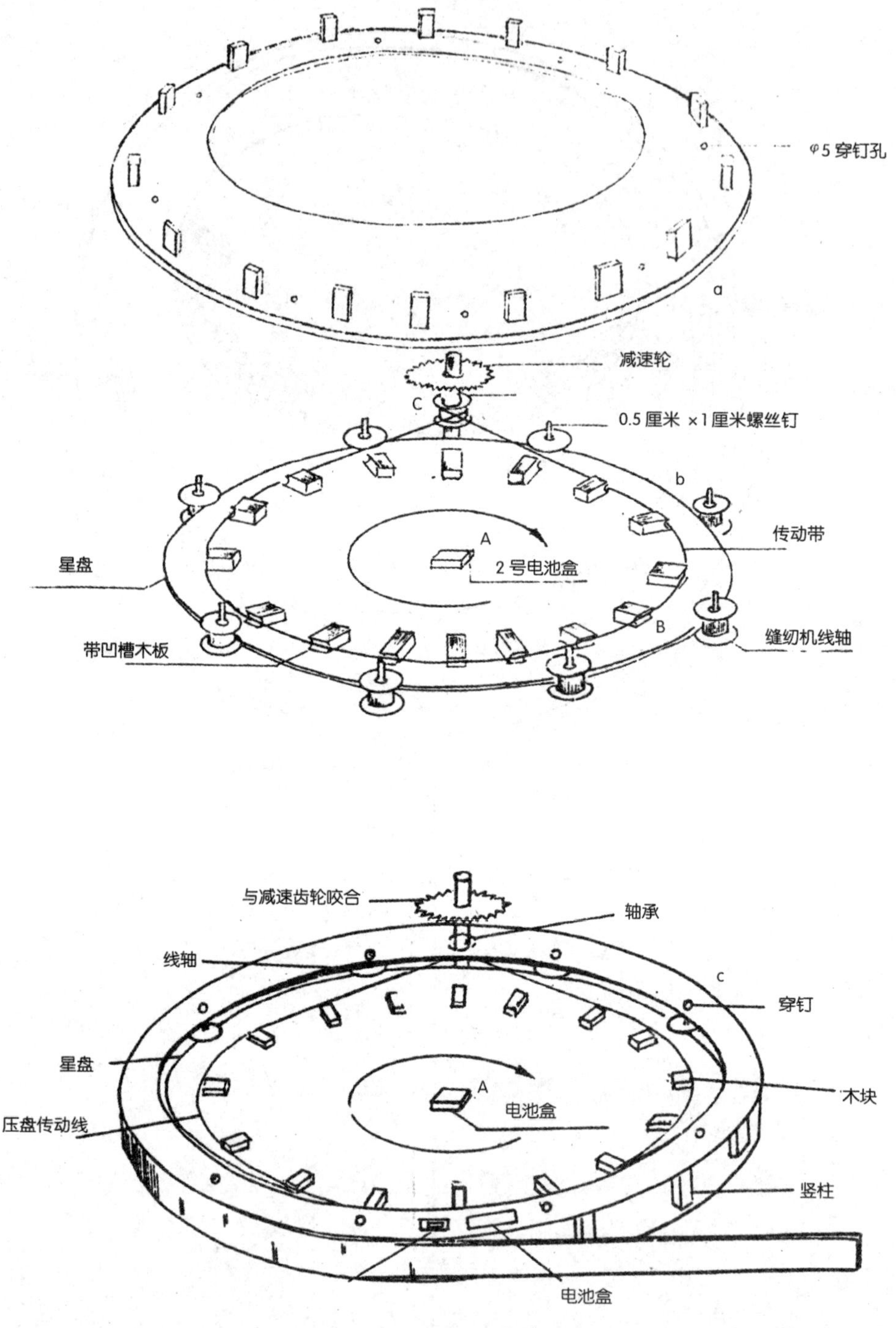
φ5 穿钉孔
a
减速轮
C
0.5 厘米 ×1 厘米螺丝钉
b
传动带
A
2 号电池盒
星盘
带凹槽木板
B
缝纫机线轴
与减速齿轮咬合
轴承
线轴
c
穿钉
星盘
木块
A
电池盒
压盘传动线
竖柱
电池盒

图 100-3

一〇一　四季成因仪

一、材料

塑料球、各色即时贴、玩具电机、小开关、减速齿轮、白色塑料板、支架、电池盒、细铁管或铜管、6 伏电源变压器、6 瓦灯泡。

二、制法

1. 制地球仪：将直径 10 厘米的塑料球涂成白色，在球心处打一个通孔，通孔中穿过一段长 16 厘米、内径 0.3 厘米的铁管（或铜管），铁管的一端焊上一个直径 2.3 厘米的 30 齿左右的钟表齿轮，另一端嵌上一个直径约 1.3 厘米的 12 齿的塑料齿轮（齿轮厚度约 0.8 厘米）。在涂有白漆的塑料球上用宽 0.2 厘米的红、绿色即时贴条贴出 12—24 条径线，以及赤道、南北回归线、南北极等，并在北回归线附近适当位置用红色及时贴按比例剪出中国版图贴上。

取一块宽 15 厘米、长 6 厘米的铜板，弯成图 101–1a 的形状。在铜板一端 3 厘米的地方（图 101–1A 点）打一直径 0.6 厘米孔，孔中固定一段一端带丝扣的钢丝；把已做好的地球仪架入钢丝上使其能在钢丝上灵活转动，地球仪轴上的钟表齿轮（图 101–c）成大于 15° 角和减速齿轮相连，减速齿轮由固定在铜板一端（图 101–1D 点）的玩具电机带动。在固定在铜板上的钢丝的另一端的图 101–E 点固定另一组带动月球的减速齿轮，这组减速齿轮与地球仪轴上的 12 齿塑料齿轮咬合（图 101–F 点），为了使地球、月球同为逆时针转动，此组减速齿轮要为单数，在带动月球旋转的减速齿轮末级焊上一段 14 号铅丝，铅丝另一端装上涂有黄漆的乒乓球作为月球（如图 101–b）。

2. 制转动框架臂：取长 145 厘米、宽 2 厘米、厚 0.2 厘米的铁板一条，照图 101–2a 弯成长方形，距长方形一端 0.5 厘米处，打一个直径 0.6 厘米的通孔，距另一端 0.5 厘米处打一个直径 0.3 厘米的通孔，在距长方形两端相等的中心处打一个通孔，此通孔一个孔直径为 0.8 厘米（作为后臂孔），另一个孔直径为 0.6 厘米（作为前臂孔）。取长 3 厘米、内径 0.6 厘米外径带 M8 丝扣的套管一个（如图 101–2b），套管一端嵌入后壁梁 Φ8 的孔内，用锡焊牢或用螺母锁紧（如图 101–2A 点），套管另一端固定一个直径约 6 厘米的钟表大齿轮或其他齿轮（如图 101–2B 点）。

取长 18 厘米、外径 0.6 厘米的铁管一段，铁管两端一端套 4 厘米长的丝扣，另一端套 11 厘米的丝扣，两个丝扣之间 3 厘米不套扣，以此作为转动框架臂的轴。（如图 101–2c）

3. 制四季成因面板：取直径 64 厘米的白色圆形塑料板一块，板的正中心打一个直径 0.6 厘米的小孔，以小孔为中心画出太阳，再在太阳周围画出四季成因示意图。将四季成因面板插入转动框架臂的前后梁中，四季成因面板中心孔对准框架臂的中心孔后，再将长18厘米、外径0.6厘米的铁管从框架臂后梁穿过，拧上一个螺母后，穿过面板中心孔，再拧上一个螺母，最后再从前梁穿出，当铁管露出前梁约10厘米后用已旋在铁管上的两个螺母将面板拧紧卡死（如图101-2c），这时固定在转动框架臂后梁上的套管应恰好在铁管未套丝的一段。

4. 做支架：用边长2厘米异形方管，做成高约75厘米的三角形支架，支架底部最好能够转动，在距离支架顶端2厘米处打一个直径0.6厘米的通孔。

将四季成因面板的轴插入支架顶端的孔中（图101–2C点）。用螺母锁紧，这时，用于推动转动框架臂，框架臂应能绕四季成因面板灵活转动。在支架的适当位置（图101–3B点）装上电动减速齿轮，减速齿轮的末级要与固定在转动臂上的大齿轮相咬合，支架上装有五号电池盒及开关（如图101–3C、101–3D点）。

将地轴仪轴插入转动框架臂上直径为0.6厘米的孔中。为了使地球绕太阳运转时地轴倾斜方向不变，可施以配电法实现，配重可用5号电池盒及电池代替。具体方法是：取一块长13厘米、宽3厘米、厚0.5厘米的铁片，于铁板一端0.5厘米处打一个直径0.6厘米的小孔，再把电池盒固定在铁板上并装好电池，因为电池盒连同电池的重量不足作为配重，故在铁板的一端还要固定上两个50克的铁钩码（如图101–4）。在地球仪轴穿过转动框架臂前后梁0.6厘米的通孔后，用两个螺母将装有配重的电池盒锁紧在露出后梁的地球仪轴上，调整配重的角度，使地轴倾斜的方向永远保持不变。

带动地轴转动的电机两根电线从地轴的铜管中穿过后和做好配重的电源相连，或直接将电源开关装在电池盒上。

为了转动臂转动平稳，在转动臂另一端0.3厘米的通孔中也应装上一个配重，配重大小应视转动臂装有地球仪一端的重量而定，大约在350克左右。配重可用8号铅丝和6厘米 ×8厘米 ×1厘米的铁板制成。

在露出前梁中部的铁杆上装好灯口并拧上6瓦汽车灯泡，灯泡电源线一根和铁管相连，另一根穿过铁管通过开关和6伏电源变压器相连，电源变压器连同开关也装在支架上（图101–3C、D点）。

按图101–5用塑料电线槽板做好透镜支架，装在框架臂前梁地球仪和中心孔之间。支架上插入一片3倍塑料凸透镜（图101–3E点），使凸透镜能在槽板中左右滑动，用以调解光线的集中或扩散，同时，透镜、光源、地球仪三者应保持在同一高度。

三、使用方法

1. 开启转动框架臂开关，这时，框架臂载着“地球”绕着“太阳”运行，停止转动开关，使地球处于春分位置；打开灯泡开关，小灯泡亮。调解凸透镜在“地球”与“太阳”之

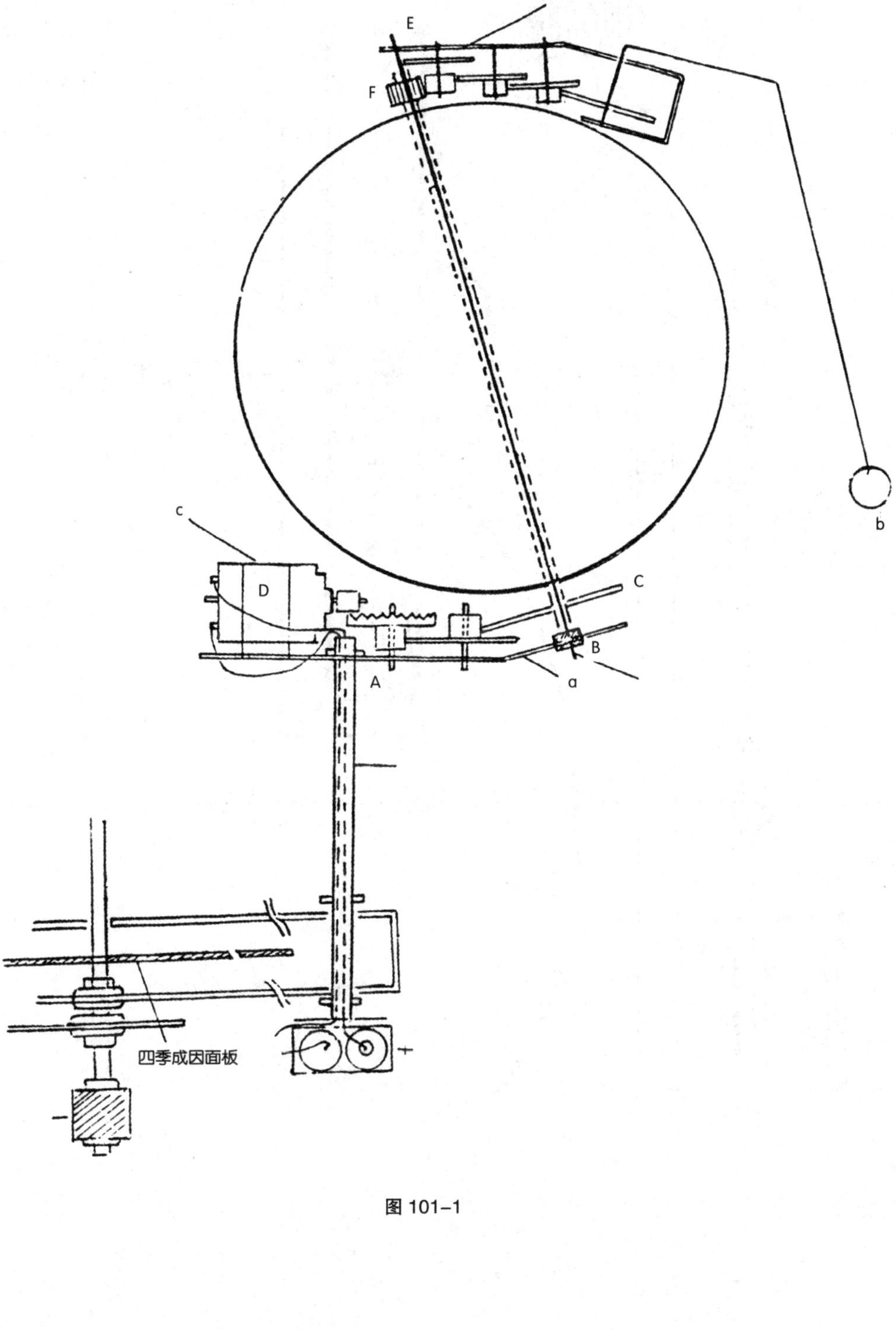

图 101–1

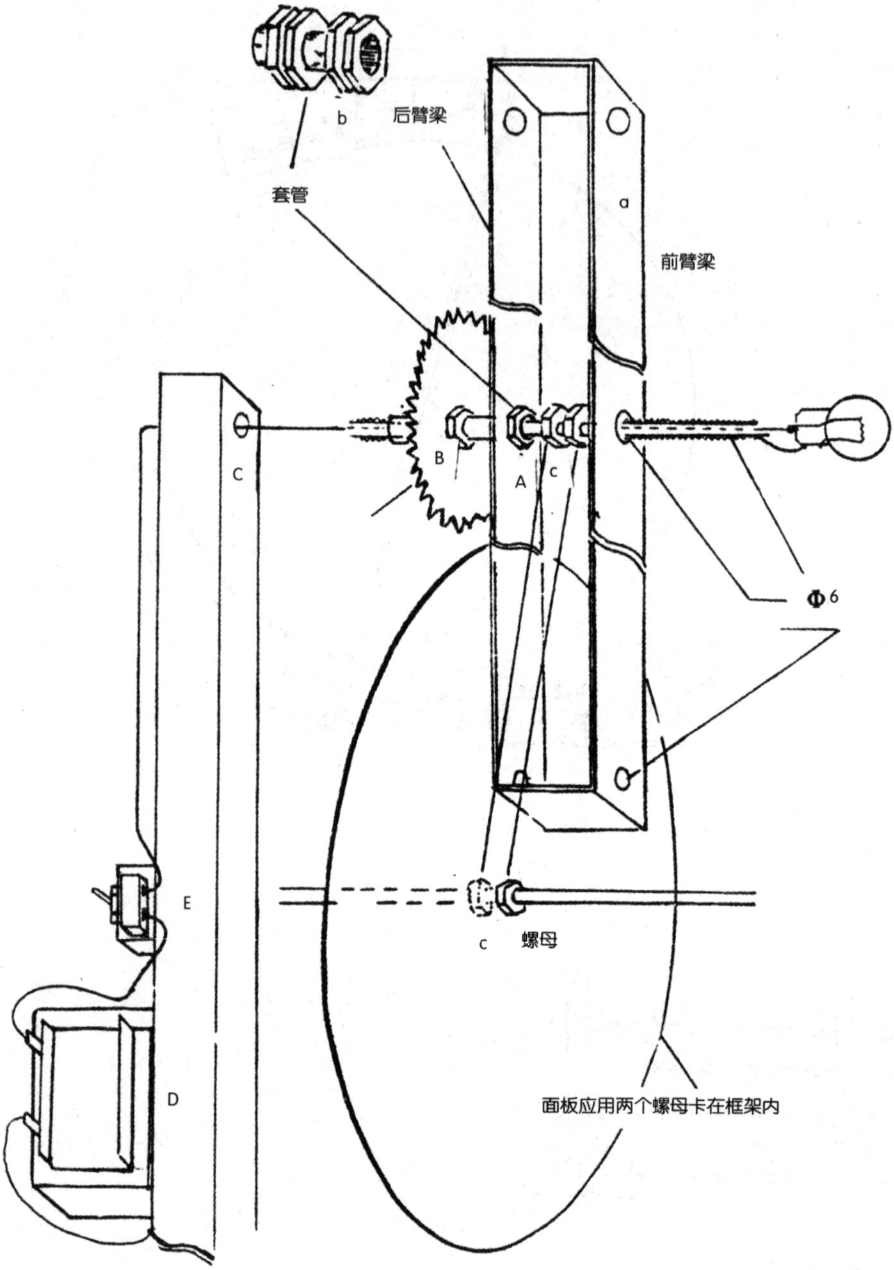

图 101–2

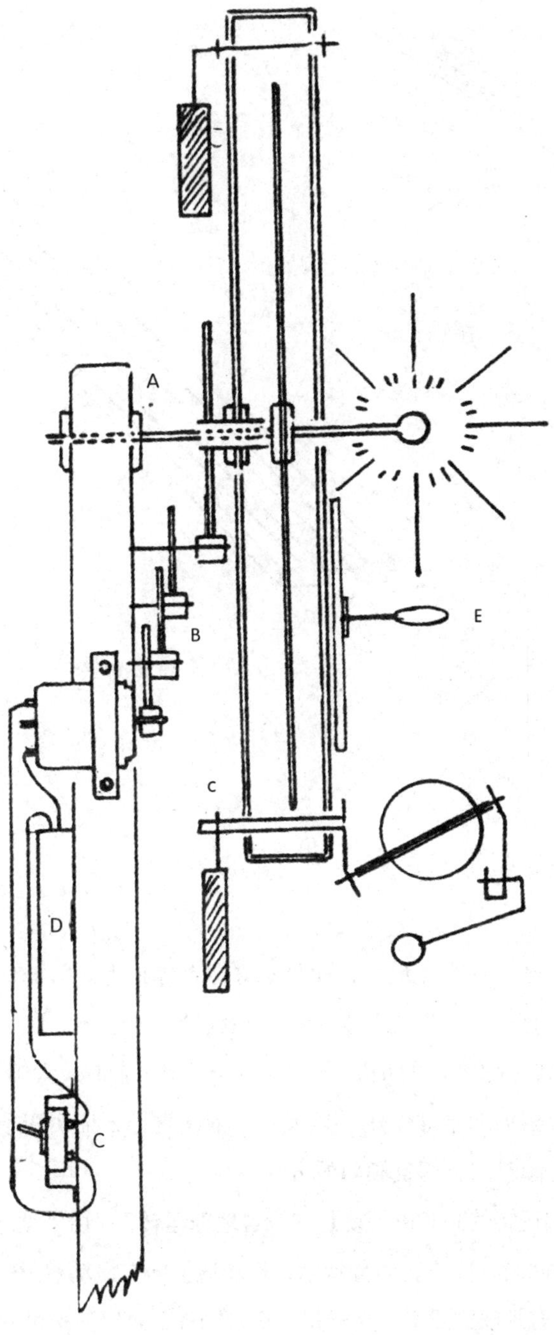

图 101–3

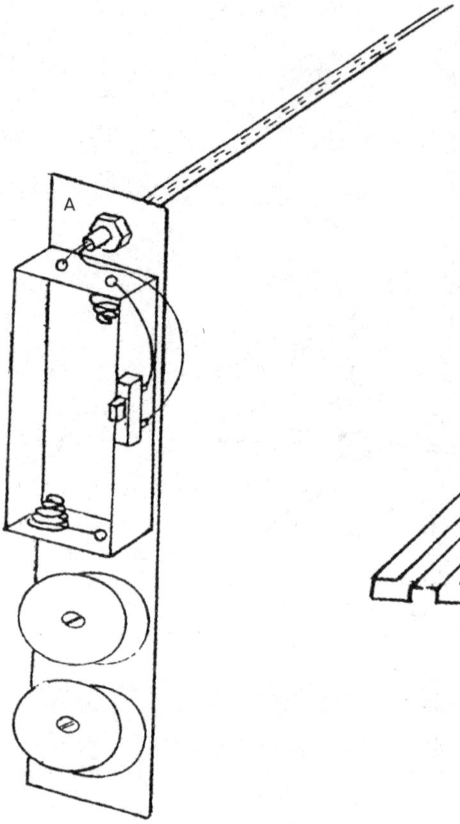

图 101–4

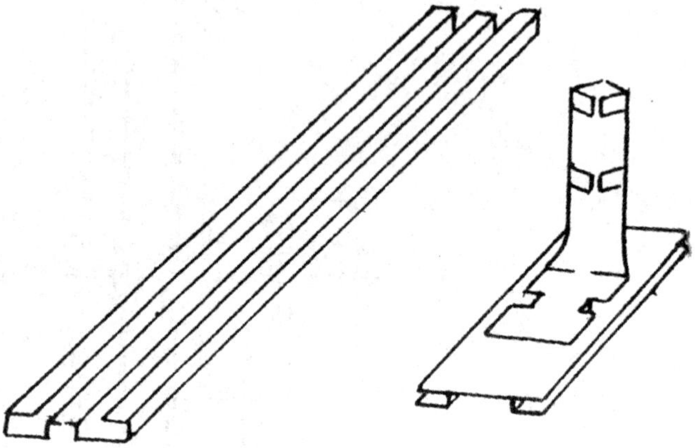

图 101–5

间的距离，使透镜照到地球上的光点最小，而且正好露在赤道上。打开地球转动开关，地球不停自转，“太阳”直射点（光点）则始终照在旋转的赤道上。由于地球仪上的配重作用，使地轴方向永远保持不变，这时，当地球转动夏至位置时，太阳直射点（光点）便会照射在北回归线上，因而北半球便热（夏天）。依此类推，证明四季的成因是由于地球绕日运转时，地轴是倾斜的，而且倾斜的方向不变。

2. 由于地球绕着太阳运转的同时也带动月球绕着地球运转，又由于地球绕太阳运转，当月球转到太阳和地球之间时，停止转动臂转动，打凸透镜向右滑动移近灯光，使光源扩散，这时可以看到地球上有月球的阴影，这就是日食。同理，可以演示月食成因。

3. 当地球仪开关、转动臂开关、灯光开关全部打开后，可以清楚地看出三球运转关系，日、月食形成原因及四季形成原因等。

一〇二　月相仪

一、材料

黑塑料板、减速齿轮、131 型玩具电机、铁管、乒乓球、木板。

二、制法

1. 制月相板：直径 46 厘米的圆形塑料板一块，在其中部打一个直径 0.6 厘米的小孔，孔中固定一段直径 0.6 厘米、长 13 厘米且两端带扣儿的铁棍，在塑料板上给出月相图来待用。（图 102–1a）

2. 制转动臂：取长 65 厘米、宽 2 厘米、厚 0.2 厘米铁条一段，一端弯成门形，并在其中部打一个直径 0.8 厘米的孔，距两端各 0.5 厘米的地方各打一个直径 0.3 厘米的孔制成转动臂，转动臂中部的孔中固定一个外径带有 0.8 厘米螺扣、内径 0.6 厘米、长 3—4 厘米的套管（如图 102–1B），并在套管的另一端用螺母固定一个直径不小于 0.5 厘米的钟表大齿轮（图 102–1A 点）。

在转动臂的 B 点（图 102–2）处固定一个直径 3 厘米、厚 0.5 厘米的偏心轮，偏心轮直径 0.6 厘米的偏心孔套在转动臂和大钟表齿轮之间的套臂上，在偏心轮上套上一个一侧有 M3 丝扣的套环。偏心轮和套环可用铁或塑料车成。（如图 102–2a、102–2b）

3. 制支架：取长 80 厘米、宽 3 厘米、厚 0.2—0.3 厘米的铁条一段，在距离一端 27 厘米处打一个直径 0.6 厘米的圆孔，把月相板的轴穿过转动臂的套筒后，固定在这个孔中（图 102–2C 点）。在支架一侧的图 102–2D 点处，固定一组电动减速齿轮，减速齿轮末级的小齿轮要正好和固定在转动臂套筒上的大钟表齿轮相咬合（图 102–2E 点）。这样，当电机轮转时，通过减速齿轮，带动转动臂（以及偏心轮）能绕轴（绕月相板）逆时针转动。

在距离支架板另一端距图 102–2c 点处 45 厘米的地方，钻一个直径 0.4 厘米的小孔，孔中固定一段约长 8 厘米的 8 号铅丝，铅丝上端套上长 3 厘米的铜套管，套管上固定摇臂 F 和载物台 G。再在载物台上装上 8—12 瓦溴钨灯泡，为了使光线集中，在溴钨灯泡的前方 2—3 厘米处装上一个放大 5 倍左右的凸透镜做聚光镜。因溴钨灯在通电发光时要产生大量的热，故在它的后面应用 131 玩具小电机做个小风扇装上。摇臂约长 8—12 厘米，从另一端起每隔 0.5 厘米打一个直径 0.3 厘米的小孔，孔中插入连杆（如图 102–2d），和偏心轮上的套环相连，连杆长约 45 厘米，用 8 号铅丝做成，连杆一端套丝后旋入偏心轮的套环丝孔中，另一端 1 厘米处弯成直角。改变连杆在摇臂上的位置，可以调整光路的角度，以便能使灯光在任何时候都集中照在用乒乓球做的月球上。在转动臂的 H 点处成小于 45° 度角装上一块平面镜或圆形凸面镜，这样，通过镜面的反射可以看到月相变化情况。

全部安装完毕后，就可以照示意图 102–3 把支架固定在用木板做的长方形箱子里，支架两端的φ4 的孔是用以固定在木箱壁上用的，图 102–4 是月相仪的外貌，电源及开关分别装在箱内及外侧壁上。

三、使用方法

打开灯泡电源开关，强烈的溴钨灯光通过聚光镜把月球一面照亮，打开转动臂开关，转动臂带动月球绕地球运转，由于相对位置的变化，从装在转动臂上的反光镜上就可以看到月相的变化情况。人看到的月相变化，是在地球上观察到的，由于人不可能站在月相仪里的地球观看月相，所以就用反光镜把月相变化情况反射出来，这里，反光镜就相当于人的双眼。

在月球由转动臂载着它绕地球运转的同时，由于连杆等的作用，灯光始终追着月球把月球一面照亮，所以月相仪的灯光实际为追光灯，月球走到那里，灯光就追射到那里。

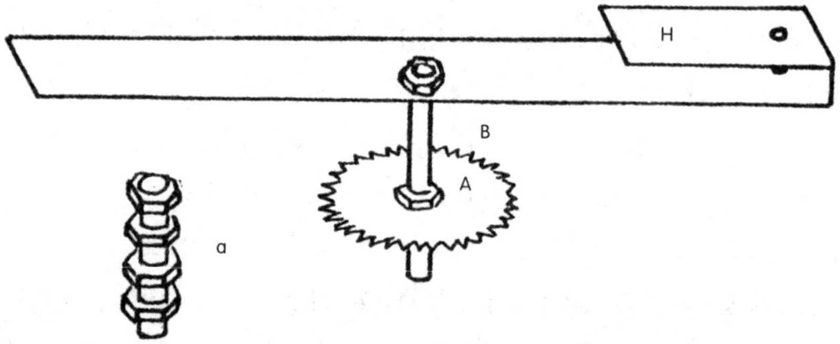

图 102–1

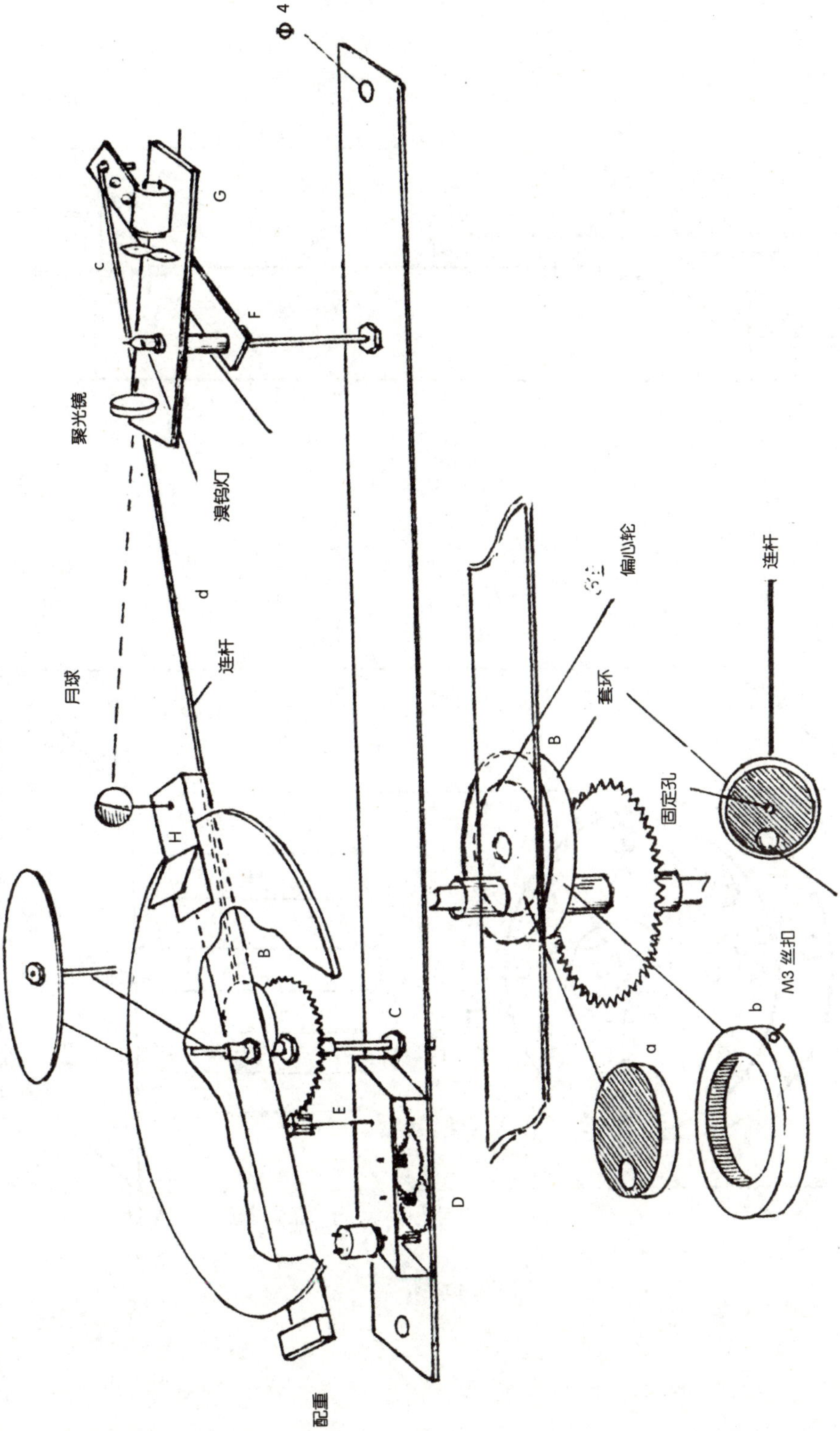

图 102-2

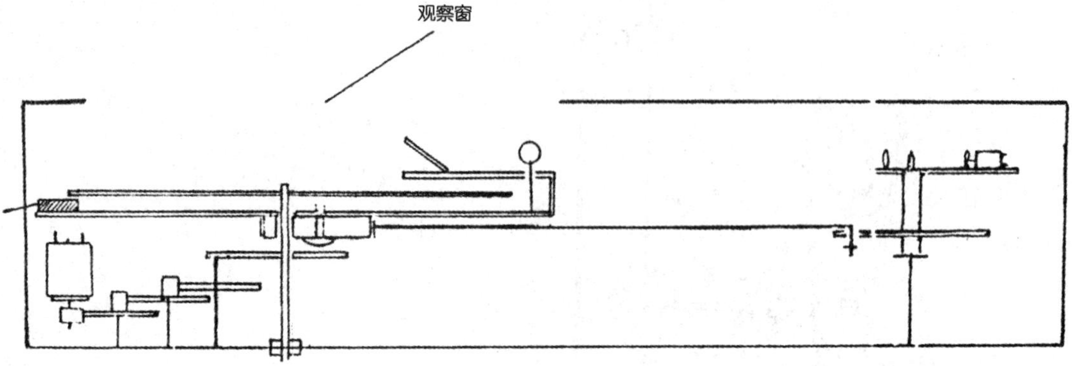

图 101-3

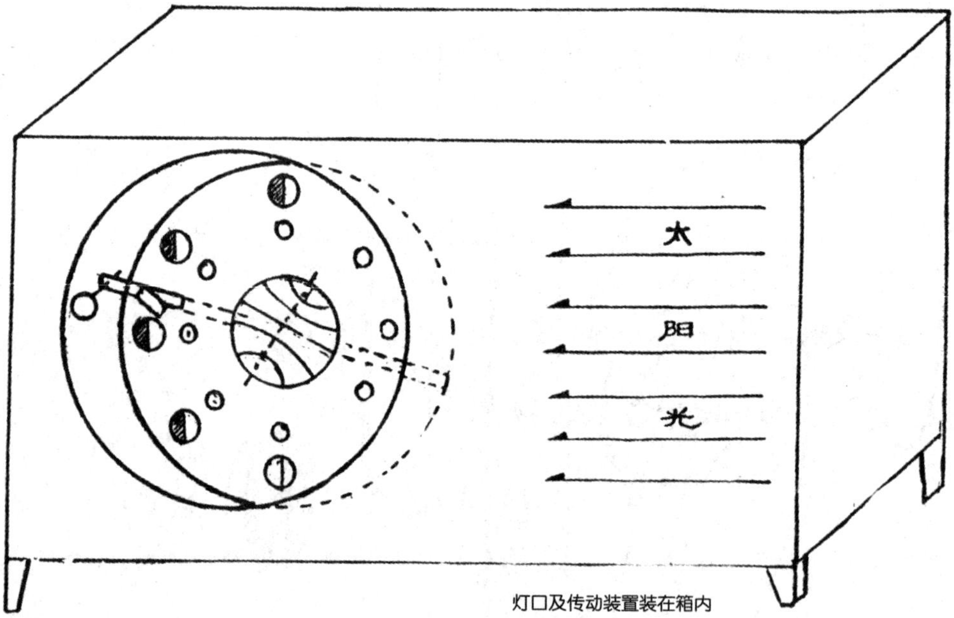

图 102-4

附 录

河北小学科技教育与美国 STEAM 课程

河北小学(简称“河小”)在解放战争的炮火硝烟中诞生于马背摇篮,在极短的时间内,完成了从战时保育到规范教育的转变,在这一蜕变过程中,基于生存、生活的教育底色彰显了以解决实际问题为指向的教育方法策略,在这种背景下,教育追求动手能力、发展实践能力成为必然。没有统一的课程体系,没有任何校本经验可供继承与借鉴,在这种特殊情况下,河小的老师们自己动手,自编教材、自制教具,在艰苦的环境中展开教育活动,在自然与生活中开展教学,逐步形成了“以实践能力强见长”的光荣传统。发展实践能力对于学生的未来发展有多么重要?铁凝等众多校友的“井喷式”发展成为有力见证。

河北小学由于其特殊地位,教育活动展开伊始就触及中国教育思想主脉,这是偶然的也是必然的。这一时期对冀中根据地教育发展起到重要指引作用的是柳湜。柳湜在延安任陕甘宁边区教育厅长,1947 年 5 月任冀中行署教育厅厅长,为恢复建立学校的教学管理秩序而操劳。北平解放后,任北平教育局局长,负责教育界的接管工作,后任教育部司长、国务院科学规划委员会委员、《人民教育》总编辑、教育部副部长等职。柳湜对冀中根据地的教育发展有着特殊贡献。

由于历史的特殊性,又受柳湜的直接影响,把规范办学秩序作为第一位工作,把叶圣陶、陶行知、晏阳初基于生存、生活、服务社会现实的教育思想汇合成主脉,再加上北京、天津等地优秀师资的支援,河北小学迅速确立了冀中区域基础教育制高点的地位,其中科技教育一直是当时教育思想的试验田。

经过几年时间,20 世纪 50 年代,河小自制教具已风靡海内外,学生制作的“天安门模型”在德国参展,其做工精致、严谨令各国专家叹服。1955 年,河小师生制作的教具“电动小火车”在德国柏林参加国际展出,回国后受到团中央奖励。

20 世纪中期,在全民大炼钢铁的洪流中,河小师生将自制教具推向了社会化的顶峰,学校有了炼钢炉,科技制作遇到了前无古人、后无来者的历史机遇,学校和社会没有了围墙,这个时期的科技制作打上了深深的社会化印记,这种波澜壮阔的体验成为珍贵的校本经验，为后来的河小科技教育汇入了涓涓细流，影响至今。这也许就是河小科技教育底气足、眼界开阔、大手笔的源头。“大跃进”后期，随着省政府的搬迁和十年“文化大革命”的到来，教育教学受到了冲击，在老师受到批判的年代，以张国成为代表的老一辈基础教育专家，被批判、被改造的同时坚持“地下教研”，科技教育成为他们黑暗岁月的心灵港湾和维系生命存在的精神支柱。他们的坚守，使河小的科技教育始终没有断脉。“文革”结束后随着教育回归正轨，河小的教师以争分夺秒的姿态全身心投入以自制教具为代表的科技教育恢复工作中。河小的科技教育像一颗耀眼的明珠，立即引起国家、省、市各级领导、教育部门的重视，一时间，这里成为全国自制教具交流推广的中心。国家教委曾在河小召开现场会，王明达副主任亲自主持现场会并在全国推广河北小学自制教具经验，这项工作得到联合国教科文组织的首肯，被认为是当时发展中国家的最佳范本。

自制教具外，电化教学也在河小发展迅速。这得益于学校毗邻河北大学的区位优势，中国电化教育的开山鼻祖萧树滋先生正在河大把电化教育做得风生水起。受环境影响，河北小学最早出现了以投影仪为载体的新型教学方式，幻灯片在各科教学中大量使用。计算机网络技术应用于教学后，河小教师紧紧追随北师大何克抗团队“基于网络环境的基础教育跨越式创新探索实验”实验研究，各学科与网络信息技术展开整合，网络信息化教学大面积开展。

河小形成了以早期自制教具、电化教学为典型特征的科技教育、教育技术应用体系。在科技教育、电化教育的影响下，河北小学各学科均以发展学生实践能力为主线。1959届校友郭振霄回忆说：“河北小学的课外活动非常丰富，有航模小组、红色小工厂、歌咏小组、读书会、红领巾畜牧场、红领巾小农场、小卖部服务员等。在小学阶段就有意识地培养劳动意识、兴趣爱好、社会服务交往能力、动手实践能力。这些活动不但丰富了我们的业余生活，而且培育了我们的兴趣爱好，为我们今后的发展筑下了基石。”

之后，教育技术的应用一直使河小教育思想立足前沿。学校对学生动手能力与创造能力的培养高度重视，以自制教学具为主流的创造发明活动一直很活跃。随着课程综合化时代的到来，发展学生实践能力在各个学科展开，大量兴趣小组、选修课程应运而生。随着中外交流、中外比较教育研究的不断深入，发端于60年代的英国DIY实践进入了河小视线。DIY是英文“Do It Yourself”（动手自己做）的缩写（近年也有“Design It Yourself”的说法，译为“自己设计”），这种“靠自己亲自动手做”为指向的“自助式”实践课程，迅速得到学生喜爱。以兴趣小组为组织单元的DIY课程体系建设全面铺开。

在此基础上，河小全面吸收美国STEAM课程体系，围绕“SME—STEM—STEAM”发展脉络，寻找适合本土的创客教育实施路径。依托科学、综合实践、艺术、数学等学科教育，通过对学生好奇心、艺术灵感、创造欲望等的及时发现与培育，有效帮助学生扩展科学、技术、工程和数学的学习思路。艺术课程不再只关注艺术素养提升，而是让绘画、陶艺、设计、音乐、戏剧、电影等多种艺术形式成为学生获得创造力的重要渠道和获得创造力的源泉。学校建设了创客空间、STEAM 创客教育孵化场、DIY 创客工坊、科学实验空间，进一步细化了创客活动功能，四轮驱动、电子创客坊、科技制作坊、智能活动室、智能创客坊、魔幻编程、航空模拟、双创课堂、极客创意坊、雕印创客坊、纸工创客坊、布草创客坊、泥工创客坊、木工创客坊、金工创客坊、漆工创客坊、生物创客坊应运而生。选修课程、创客活动与社团组织同步推进，相得益彰。

一路走来，我们突然发现：当代风靡世界的美国 STEAM 课程及当代创客运动，一位先行者——张国成老师在 20 世纪 50 年代就已经开始了这方面的教育实践，并且对其进行了最完整的诠释。STEAM 课程体系不是似曾相识，而是就生长在从冀中根据地走来的学校教育里。